골프 코스

카트 도로

그늘집

일반구역

레이디스 티

레귤러 티

티마커

티잉구역

챔피언 티
(백 티)

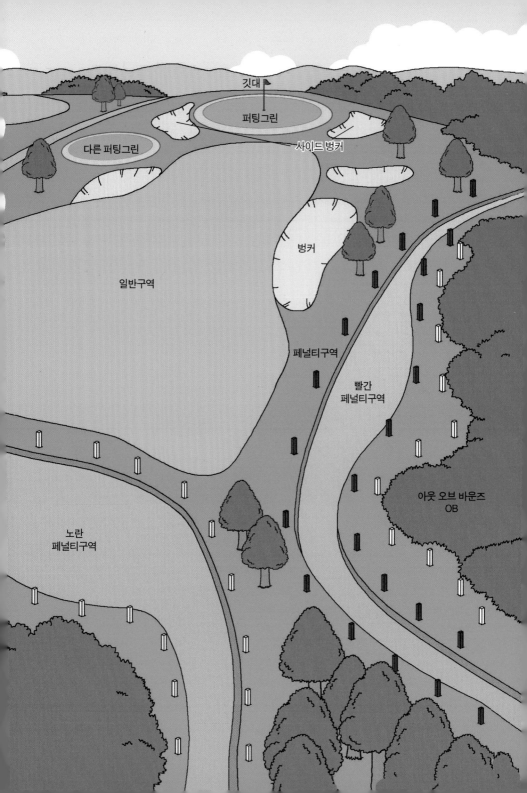

골프 룰

2023 개정판

이것만 알면 된다

김해환(金海煥)

학력
영남대학교 경제학과 졸업
서강대학교 경영대학원(금융전문가과정), 경희대학교 체육대학원(골프최고위과정) 수료

경력
외환은행 지점장, GMI골프컨설팅 상무, 골프장 총지배인(중국) 역임
대한골프협회(KGA) 경기위원(2012~2018)
現 대한골프협회 Chief Referee(2019~)
국내 및 국제대회 참여 200회

수상
경제기획원장관 표창(1987)

강사 경험
KGA 레프리 스쿨, 국가대표 및 대표상비군 골프 룰 교육
R&A 레벨 1, 2 위탁 룰 교육, KGA 회원사 룰 교육

Referee 자격
생활체육지도자 자격 2급(2003, 문화부장관)
KGA 레프리 스쿨 수석(2014)
R&A 레벨3 TARS 최고등급 합격(2017)

저자 연락처 이메일 chiefhhk@naver.com

골프 룰 이것만 알면 된다 2023 개정판

개정증보판 1쇄 인쇄 2023년 3월 9일
개정증보판 1쇄 발행 2023년 3월 15일

지은이 김해환
그 림 박성일, 안상태
펴낸이 양동현
펴낸곳 골프아카데미
　　　　출판등록 제307-2012-7호
　　　　주소 02832, 서울 성북구 동소문로13가길 27
　　　　전화 02) 927-2345 팩스 02) 927-3199

ISBN 978-89-98209-14-8 / 13690

www.iacademybook.com

골프 룰 2023 개정

이것만 알면 된다

김해환 대한골프협회 Chief Referee

골프아카데미

머리말

먼저 2019년 발간된 『골프 룰 이것만 알면 된다』에 보내 주신 독자분들의 많은 관심과 호응에 깊은 감사의 말씀을 드립니다.

이번에 발간되는 개정판 『골프 룰 이것만 알면 된다』는 2023년부터 시행되는 골프 규칙의 개정 내용을 반영했으며, 2019년에 발간한 책에 언급되지 않았던 부분을 추가했습니다. 그 부분은 골프 안전사고 예방과 골프 에티켓 그리고 플레이어가 꼭 알아야 할 규칙 20가지에 관한 내용입니다. 또한 찾아보기와 상황을 표현한 일러스트를 곁들여 규칙을 좀 더 쉽게 이해할 수 있도록 했습니다.

많은 플레이어들이 골프 룰을 어렵다고 생각합니다. 하지만 골프 룰은 벌칙을 주기 위한 것이 아니라, 플레이어가 곤란한 상황에 처하거나 문제가 발생했을 때 구제를 받아 플레이할 수 있게 하기 위한 것입니다. 자신을 포함하여 타인에게 피해를 주지 않고 즐겁게 플레이할 수 있도록 정해 놓은 규칙이므로, 룰을 잘 알면 불필요한 페널티를 피하고, 사용할 수 있는 모든 옵션을 이용하여 플레이 속도를 높이는 데 도움이 될 뿐만 아니라 공정한 경기를 할 수 있습니다.

이 책은 필자가 현장에서 오랫동안 레프리로 활동하면서 얻은 경험을 기반으로 했습니다. 골프 룰 교육 강사로 일하면서 받은 질문과, 코스에서 자주 일어나는 사례 그리고 플레이어들이 자주 위반하는 사항 등을 Q&A 식으로 구성해 보았습니다. 흔히 골프 룰을 다룬 책은 읽기 힘들다는 편견에서 벗어나, 많은 골퍼들이 쉽게 이해할 수 있도록 그림을 곁들여 사실감 있게 구성했습니다.

이 책을 통해, 초보 골퍼는 골프 전반의 흐름을 이해하면서 에티켓을 자연스럽게 습득할 수 있고, 프로 골퍼라면 자칫 놓치기 쉬운 부분을 점검할 수 있을 것입니다. 특히 골프를 배우는 학생은 물론 지도자, 골프 자격증(레프리, 스포츠 지도자 자격) 취득을 원하는 분, 골프장 캐디 그리고 골프 룰에 관심이 많은 분들에게 도움이 되리라 생각합니다. 이 책을 통해 골프 규칙과, 골프 경기 전반에 대한 이해의 폭을 넓히게 되기를 기대합니다.

이 책이 출판되기까지 저에게 도움을 주신 대한골프협회 임직원들과 동고동락하는 레프리(Referee) 님들께 고마움을 전하며, 오늘의 저를 있게 해 주신 골프전문경영인협회 안용태 회장님, 故 오의환 규칙위원장님께 깊은 감사를 드립니다. 아울러 도서출판 골프아카데미 양동현 사장님과 직원들께 감사드립니다.

2023년 3월, 김해환

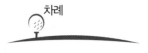

차례

PART 2 티잉구역

일반구역

PART
4

벙커

PART 5 페널티구역

PART 6 퍼팅그린, 깃대, 홀

PART 7 장애를 가진 플레이어를 위한 수정 규칙

골프 규칙과 에티켓

2023 NEW RULES

2023 NEW RULES 주요 변경 내용

특정 규칙과 관련된 변경 사항

1. 여러 개의 규칙을 위반하거나 동일한 규칙을 여러 번 위반한 데 대해 페널티를 적용하는 경우

플레이어가 받는 페널티의 개수는 각 위반과 위반 사이에 개재 행위(① 스트로크의 완성, ② 규칙 위반을 인지하고 있거나 인지하게 된 상태)의 내용에 따라 결정된다.

하나의 페널티가 적용되는 경우

개재 행위 사이에 여러 개의 규칙을 위반하거나 동일한 규칙을 여러 번 위반한 경우, 플레이어는 하나의 페널티만 받는다.

※종전 규칙 : 하나의 행동이나 관련된 행동으로 위반한 경우 ─ 플레이어가 위반한 여러 개의 규칙이 각기 다른 페널티가 부과되는 규칙인 경우, 플레이어는 더 높은 단계의 페널티만 받는다.

여러 개의 페널티가 적용되는 경우

플레이어가 하나의 규칙을 위반하고 개재 행위를 한 후 동일한 규칙 또는 다른 규칙을 위반한 경우, 플레이어는 여러 개의 페널티를 받는다.

※종전 규칙 : 각각의 위반이 관련되지 않은 행동으로 위반한 경우.

2. 플레이어의 스코어카드상 핸디캡 명시 의무 삭제

경기에 적용되는 플레이어의 핸디캡 타수를 계산하고, 그것을 이용하여 플레이어의 네트 스코어를 산출할 책임은 위원회에 있다.

※종전 규칙 : 스코어카드상에 핸디캡을 플레이어가 기입.

3. 라운드 동안 손상된 클럽의 사용 · 수리 · 교체

고의로 클럽을 남용하여 손상시킨 경우가 아니면, 플레이어가 손상된 클럽을 교체하는 것을 허용.

※종전 규칙 : 원칙적으로 교체 불가능.

4. 잘못 교체한 볼에 스트로크한 경우

잘못 교체한 볼을 플레이한 것에 대한 페널티는 1페널티.

※종전 규칙 : 2페널티.

5. 자연의 힘에 의하여 움직인 볼

드롭하거나 플레이스하거나 리플레이스(replace)한 후 정지한 볼이 다른 코스의 구역으로 움직인 경우, 그 볼은 반드시 원래 지점에 리플레이스해야 한다. 이 경우는 그 볼이 아웃오브바운즈에 정지한 경우에도 적용된다.

※종전 규칙 : 그 볼을 새로운 지점에서 플레이해야 함. 퍼팅그린 제외.

6. 그 밖의 도움(플레이 선 가리키기)

플레이어는 플레이어의 캐디든 다른 어떤 사람이든 플레이어에게 플레이 선 또는 그 밖의 방향 정보와 관련된 도움을 주기 위해 어떤 물체를 지면에 내려놓는 것을 허용하지 않으며, 그 스트로크를 하기 전에 그 물체를 치우더라도 페널티를 면할 수 없다.

※종전 규칙 : 가방이나 수건 등을 놓았다가 스트로크하기 전에 치우면 페널티 없음.

7. 움직이고 있는 볼이 우연히 사람이나 외부의 영향을 맞힌 경우

퍼팅그린에서 플레이한 볼이 곤충이나 그 플레이어 또는 그 스트로크에 사용한 클럽을 맞힌 경우에는 그 볼을 다시 플레이할 것이 아니라, 그 볼을 놓인 그대로 플레이하도록 개정.

※종전 규칙 : 다시 플레이하도록 되어 있었음.

8. 스테이블포드(스트로크플레이의 한 방식)에서 적용되는 페널티

클럽 · 출발 시각 · 플레이의 부당한 지연과 관련된 페널티(1 또는 2페널티를 그 홀에 가산)를 스트로크플레이에서 적용하는 것과 동일한 방식으로 적용하도록 개정.

이와 같이 개정된 페널티는 규칙 21.3c(파/보기에서 적용되는 페널티)에도 동일하게 적용된다.

※종전 규칙 : 스테이블포드 방식은 플레이의 라운드 총점에서 2점 또는 4점을 차감하는 형식이었음.

9. 규칙 25 장애를 가진 플레이어를 위한 수정 규칙 본문에 통합됨

새로운 「규칙 25」의 도입은 골프 규칙에 언급된 수정 규칙이 모든 플레이 방식과 모든 경기에 적용된다는 것을 의미한다.

※종전 규칙 : 이 수정 규칙이 플레이어가 참가하는 모든 경기에 자동적으로 적용되는 것이 아니라 경기 운영을 주관하는 위원회가 로컬룰로 채택하는 경우에만 적용되었음.

일반적인 변경 사항

1. 후방선 구제

후방선 구제의 절차는 플레이어가 그 후방선상에 볼을 드롭할 것을 요구하도록 개정되었다. 구제구역은 볼이 드롭될 때 그 볼이 최초로 지면에 닿은 지점으로부터 어느 방향으로 든 한 클럽 길이 이내의 구역으로 결정된다.

※종전 규칙 : 그 볼이 처음 드롭될 때 지면에 닿은 지점과 홀로부터 같은 거

리에 있는 기준선상의 지점을 기준점으로 한 클럽 이내의 좌, 우, 후방만 허용.

2. 반드시 스트로크플레이를 다시 해야 하는 경우의 진행 방법

'스트로크는 포함되지 않는다'고 언급하는 몇 가지 규칙(예 : 규칙 11.1b)은 관련 규칙을 위반한 상태에서 스트로크를 다시 할 것이 요구될 때 그 스트로크를 다시 하지 않더라도 더 이상 실격될 가능성이 없도록 개정되었다. (2 페널티)

※종전 규칙 : 퍼팅그린에서 반드시 다시 스트로크하지 않으면 실격 또는 2 페널티였음.

플레이어가 꼭 알아야 할 규칙 20가지

1 라운드 시 휴대할 수 있는 클럽 개수는 14개까지만 허용된다.

2 자기 볼에는 반드시 식별 표시(마크)를 해 둔다. 잘못된 볼을 치면 2페널티.

3 홀을 시작할 때 반드시 티잉구역 안에서 플레이한다. 어기면 2페널티.

4 티샷한 볼이 아웃오브바운즈(OB)나 분실될 우려가 있을 때 프로비저널볼을 플레이한다.

5 볼 수색 시간은 3분이다. 3분 지나서 발견하면 분실구 처리.

6 볼을 찾거나 확인하는 과정에서 움직인 볼은 페널티가 없다.

7 인플레이볼을 이유 없이 움직여서는 안 된다. 퍼팅그린이나 티잉구역 외 코스의 구역에서 움직이면 1페널티.

8 아웃오브바운즈 볼과 분실된 볼은 1페널티이다. 그리고 직전 스트로크한 곳에서 다시 플레이해야 한다. 2페널티 아님.

9 볼의 라이, 스탠스 구역, 스윙 구역, 볼을 드롭하거나 플레이스할 구역을 개선하는 행동을 하면 안 된다. 어기면 2페널티.

10 움직일 수 없는 장해물(카트 도로, 스프링쿨러, 지주목), 일시적으로 고인 물, 수리지, 동물이 판 구멍 등이 플레이하는 데 방해가 되면 페널티 없이 구제 받을 수 있으나 규칙에 따라 드롭해야 한다. '가장 가까운 완전한 구제 지점', '용어의 정의' 참조 그리고 '볼 드롭 시 올바른 방법 3가지'를 숙지한다.

11 페널티구역은 노란 페널티구역과 빨간 페널티구역이 있다. 각각 2가지, 3가지의 구제 방법이 있다.

※ 후방선 구제 시 기준점으로부터 전후좌우 각 한 클럽이 구제구역임.

12 페널티구역 안에서도 일반구역에서 플레이하는 방법과 동일한 방법으로

스트로크할 수 있다. 즉 루스임페디먼트 제거, 클럽을 지면에 대고 스트로크하는 것이 가능하며, 백스윙 시 클럽이 수면에 닿아도 페널티가 없다.

13 벙커에 있는 볼을 치기 전에 고의로 모래를 건드리는 행동, 클럽 헤드를 볼 앞뒤에 대거나, 연습 스윙, 백스윙을 하면서 모래를 건드리면 2페널티를 받는다.

14 벙커에 있는 볼이 치기 어려우면 언플레이어블볼(1페널티 또는 2페널티)을 택할 수 있다.

15 퍼팅그린에 올라간 볼은 마크한 후 집어 올려 닦을 수 있다.

16 퍼팅그린에서 볼이나 볼 마커를 우연히 움직인 것에 대한 페널티가 없다.

17 구제 받고 드롭할 때 구제구역은 대부분 기준점이나 볼에서 한 클럽 길이 이내다. 측면 구제(페널티구역, 언플레이어블볼)를 받을 경우에만 두 클럽 길이 이내에 드롭한다. 단, 후방선 구제 시 구제구역은 볼이 드롭될 때 그 볼이 최초로 지면에 닿은 지점으로부터 어느 방향으로든 한 클럽 길이 이내의 구역임.

18 잘못된 그린에 올라간 볼(스탠스 방해, 스윙 구역에 방해)은 반드시 구제를 받아야 한다. 그곳에서 치면 2페널티를 받는다.

19 자연의 힘에 의하여 움직인 볼은 드롭하거나 플레이스하거나 리플레이스한 후 정지한 볼이 다른 코스의 구역으로 움직인 경우, 그 볼은 반드시 원래 지점에 리플레이스해야 한다. 이 경우는 그 볼이 아웃오브바운즈에 정지한 경우에도 적용된다.

  ※ 종전 규칙 : 그 볼을 새로운 지점에서 플레이해야 함. 퍼팅그린 제외.

20 각종 구제를 받을 때 반드시 구제구역에 드롭하고 그 볼이 구제구역에 정지해야 한다.

안전사고 예방 수칙

요즈음 사회적으로 건강에 대한 관심이 커지면서 활기찬 삶을 누리기 위해 골프를 즐기는 사람들이 늘고 있다. 그러나 준비되지 않은 상태에서 골프를 하다 보면 오히려 건강에 해를 입을 수 있다. 이를 방지하기 위해 플레이어는 라운드 전에 충분한 준비운동을 하는 것이 좋다. 특히 플레이어는 라운드 전이나 라운드 중에 안전사고에 유의해야 한다.

라운드 전

— 골프 웨어, 신발, 장갑, 모자, 선글라스 등 몸에 맞게 착용하기.
— 자외선 차단제 바르기.
— 준비물 : 거리 측정기, 물, 커피 기타 개인이 필요한 물품 등.
— 준비운동하기(스트레칭).

라운드 중

클럽에 의한 사고
클럽에 의한 사고는 골프장에서의 사고 중 가장 위험한 사고로 자칫 다치거나 심지어 생명의 위협을 느낄 수 있다. 연습 스윙은 지정된 장소에서 해야 하며, 반드시 안전한 곳인지 확인해야 한다.

볼에 의한 사고
볼과 관련된 사고는 자신이 미연에 방지하려고 해도 방지할 수 없는 경우가 많다. 언제 어디서 어떤 형태로 공이 날아올지 모르기 때문이다.

— 볼을 칠 때는 반드시 앞 조가 자신의 비거리에서 벗어났는지 확인하고 쳐야 한다.
— 친 볼이 앞 조 쪽이나 옆 홀로 날아갈 경우, 플레이어나 캐디가 '포어(Fore)' 또는 '볼'이라고 크게 외쳐서 위험을 알려야 한다.
— 쌩크볼, 벙커샷에 의한 사고 등의 방지를 위해 볼 위치보다 뒤쪽(안전한 곳)에서 볼을 지켜보는 것이 좋다.

카트 사고

카트는 캐디가 주로 운전하지만 플레이어들이 운전하는 경우가 종종 있다.
— 골프 카트 안전 수칙 준수 : 비탈길 부주의, 과속 금지, 지정된 장소에 주차, 주행 시 안전 손잡이 잡기, 몸을 카트 밖으로 내놓지 않기, 완전히 정차한 후 내리기, 음주 금지 등.

익사 사고

골프장에서 페널티구역(물이 깊은 곳, 경사가 심한 곳)으로 설정되어 있는 곳에 들어가지 않는다. 물이 있는 페널티구역에서 공 찾기를 자제한다.

낙뢰 사고

— 경기 위원회(경기 팀)의 지시에 따라 신속히 대피한다.
— 카트에 탑승한다.
— 가장 가까운 대피소로 이동한다.

기타 사고(낙상, 뱀, 벌, 일사병, 열사병 등) 예방

플레이어는 골프장 안전 규칙을 잘 준수하여 안전사고 예방에 각자가 책임을 다함으로써 즐거운 라운드가 되도록 최선을 다해야 한다.

골프 에티켓과 매너

골프 룰에서 에티켓은 2004년부터 처음으로 구체적인 가이드라인을 설정하여 2018년까지 그 내용을 「에티켓 ; 코스에서의 행동」을 구체적으로 열거(7가지)하여 에티 켓지침을 언급하고 있었다.

2019년에 골프 룰을 크게 개정하면서 에티켓은 규칙 조항에 플레이어의 행동 기준 ― 모든 플레이어가 지켜야 하는 행동 3가지와 행동 수칙을 로컬룰로 설정하도록 했다.

모든 플레이어(남녀)가 지켜야 하는 행동

모든 플레이어는 골프라는 게임의 정신에 따라 플레이해야 한다. 즉 골프 게임은 '플레이어 한 사람 한 사람이 다른 플레이어에 대한 배려를 잊지 않고 골프 규칙을 지키면서 플레이한다'라는 성실성에 의해 성립된다. 이것이 골프 정신이다.

1. 성실하게 행동하기

① 정직하게 페널티 적용

골프는 대부분 심판원 없이 이루어지는 스포츠다. 어떠한 상황에서도 정직하게 플레이해야 한다. 따라서 플레이하는 골퍼는 자기 자신이 하는 행동이나 실수가 규칙에 부합하는지 알아야 한다(자기 자신이 심판원임). 규칙을 모르면 페널티를 정직하게

적용할 수 없기 때문에 스스로 규칙을 공부해야 한다.

② 일찍 클럽하우스에 도착하여 10분 전 출발 코스에 도착하기

개인마다 다르겠지만 플레이어는 티오프 1
시간 전에 클럽하우스에 도착하는 것이 좋
다. 도착하여 티오프 시간, 코스 확인, 옷
갈아입기, 식사, 커피, 준비물 챙기기 등 할
일이 많다. 출발 시각보다 스타트 홀에 늦
게 도착하면 페널티가 있다.

③ 클럽 개수 유지

클럽은 14개까지만 골프백에 소지하고 홀을 출발할 것. 클럽 개수를 초과하여
소지하고 출발하면 페널티가 있다.

2. 다른 사람 배려하기

① 신속한 속도로 플레이하기

플레이어는 플레이할 순서가 왔을 때 플레
이할 수 있도록 준비를 해야 한다.
— 플레이 속도 향상을 위해 40초 내 스트
　로크할 것을 권장하며 레디 골프를 장
　려함.
— 볼을 찾는 시간 3분.
— 볼이 아웃오브바운즈나 페널티구역 이외 구역에서 분실될 염려가 있을 때
　는 프로비저널볼을 치고 가라.
— 앞 조와의 속도를 맞추어라. 한 홀이 비도록 늦어지고 그 결과 후속 조가 지
　연되는 경우 후속 조에게 먼저 플레이하도록 권해야 한다.

② 다른 사람의 안전 확인하기

볼을 칠 때는 반드시 앞 조가 자신의 비거리에서 벗어났는지를 확인하고 볼을 칠 것. 연습 스윙 시 전후좌우를 잘 살피고 사고가 나지 않도록 해야 한다. 누군가가 볼에 맞을 위험이 있는 방향으로 플레이하는 경우, 플레이어는 즉시 전방을 주시하라는 의미로 '포어'라고 크게 외쳐서 주의를 환기해야 한다.

③ 다른 플레이어의 플레이에 방해가 되지 않기

티잉구역에서나 퍼팅그린은 누구에게도 방해를 받지 않고 스트로크를 하고 싶은 곳이다.

— 자신의 플레이 순서일 때만 티잉구역에 올라가야 한다.

— 퍼팅그린에서는 다른 사람이 어드레스에 들어가면 그의 퍼팅을 조용히 지켜보고 있어야 한다. 퍼팅그린의 연장선상 또는 그 뒤쪽, 플레이어의 정면이나 바로 뒤에서 있어서는 안 된다.

— 다른 플레이어에게 방해가 되는 행동을 하지 않는다. 휴대폰은 매너 모드, 플레이들끼리 대화할 때는 작은 목소리, 코스에서는 금연 등.

④ 복장은 품격 있게 갖추기

골프를 할 때 엄격하게 규정한 복장은 없지만 경기 조건(해당 클럽하우스에서는 복장에 대해 규제를 하는 곳도 있음)에 '단정한 복장'으로 언급하고 있다(KGA).

※금지 복장 : 청바지, 트레이닝복, 반바지(허용하는 곳도 있음), 민소매(여성의 경우 부분 허용), 깃이 없는 라운드 티, 속옷이 지나치게 비치는 옷, 혐오감을 주는 문신 등.

3. 코스 보호하기

① 디봇 자리 메우기

아이언 샷을 하고 나면 생기는 디봇은 반드시 제자리에 메워서 발로 꾹 밟아 준다.

② 벙커 고르기

벙커샷을 하고 난 뒤에는 고무래로 모래를 잘 골라 놓는다. 벙커를 출입할 때는 벙커의 턱이 낮은 곳으로 들어가 낮은 곳으로 나온다. 그렇게 하면 벙커를 고르기가 훨씬 쉽다.

③ 그린 위에서의 볼 자국 수리

볼이 그린 위에 떨어질 때 생기는 볼 자국은 언제라도 수리할 수 있다. 그린 수리기를 이용하여 볼 자국 주변에서부터 안으로 모아 넣어 움푹 들어간 부분을 메운 뒤에 퍼터 헤드로 편평하게 눌러 준다.

퍼터 선에 걸리는 스파이크 자국도 수리

가능하다. 그러나 에어레이션 구멍이나 그린 표면의 자연적인 손상(잔디가 죽은 곳, 병든 곳)과 홀이 자연적으로 마모된 것을 수리하면 페널티가 있다.

④ 연습 스윙으로 인한 코스 손상 방지

샷을 하기 전에 연습 스윙을 하면서 잔디를 망가뜨리는 행동은 하지 않아야 한다.

플레이어가 이러한 행동(에티켓)을 하지 않는다고 하여 규칙에 의한 페널티를 받는 것은 아니다. 그러나 플레이어가 골프의 정신에 어긋나는 매우 부당한 행동을 할 경우 위원회는 그 플레이어를 경기에서 실격시킬 수 있다. 또한 위원회는 플레이어의 행동에 관한 행동 수칙을 설정하여 그것을 로컬룰로 채택하여 페널티를 부과할 수도 있다. 모든 스포츠가 기량에 앞서 에티켓을 중요하게 여기는데, 특히 골프에서 에티켓은 중요하다.

골프 에티켓의 핵심은 플레이어가 성실하게 행동(규칙 준수, 페널티 적용, 정직하게 플레이)하고, 다른 플레이어에 대한 배려(신속한 플레이, 타인의 안전 고려, 다른 플레이어에 방해가 되지 않도록 하기)와 그리고 골프 코스를 보호(디봇을 제자리에 가져다 메우고 벙커 정리, 볼 자국 수리, 코스의 불필요한 손상 방지)하는 데 있다.

PART
1

골프 기본 원리

골프 게임이란 무엇인가?

골프는 코스에서 클럽으로 각홀 티잉구역에서 볼을 스트로크하여 그 홀의 퍼팅그린에 있는 홀에 볼이 들어가는 시점에 그 홀의 경기가 끝나는 게임이다. 보통 18개 홀(또는 그 이하)로 플레이가 진행되는 경기이다.

플레이어는 스트로크를 할 때마다 코스는 있는 그대로, 볼은 놓인 그대로 플레이해야 한다. (골프 규칙에서 변경을 허용하는 경우는 예외.)

 ## 플레이어의 행동(3가지) 기준과 수칙

모든 플레이어는 골프라는 '게임의 정신'에 따라 플레이해야 한다.

▶ 성실하게 행동한다

규칙을 따르고, 모든 페널티를 적용하며, 어떠한 상황에서도 정직하게 플레이해야 하고,

▶ 타인을 배려한다

신속한 속도로 플레이, 타인의 안전에 유의(볼에 맞을 수 있는 경우 '포어'라고 크게 외침), 다른 플레이어의 플레이에 방해가 되지 않도록 해야 하며,

▶ 코스를 보호한다

디봇을 제자리에 갖다 놓고, 벙커를 정리하고, 볼 자국을 수리하며, 코스에 불필요한 손상을 입히지 않도록 해야 한다.

플레이어가 이와 같은 행동을 하지 않는 것에 대한 페널티는 없지만 위원회가 로컬룰로 행동 수칙을 설정하여 페널티를 부과할 수 있다. 그러나 위원회는 그 플레이어가 골프라는 게임의 정신에 반하는 매우 부당한 행동을 한 것에 대해 그 플레이어를 그 경기에서 실격시킬 수 있다.

규칙의 정의와 규칙 적용에 대한 플레이어의 책임

1. 규칙이란 무엇인가?

① 규칙 1부터 규칙 25까지의 규칙 조항
② 용어의 정의
③ 위원회가 채택한 모든 '로컬룰'

플레이어들은 위원회가 채택한 모든 '경기 조건'을 지켜야 할 책임이 있다.

2. 규칙 적용에 대한 플레이어 책임은?

플레이어는 스스로 규칙을 적용할 책임이 있다.

① 규칙을 위반한 경우, 플레이어는 스스로 그 위반 사실을 인지하고 그 페널티를 정직하게 적용할 책임이 있다.
② 사실상의 문제를 판단할 필요가 있는 경우, 플레이어는 자신이 알고 있는 사실뿐만 아니라 합리적으로 이용할 수 있는 그 밖의 모든 정보를 고려할 책임이 있다.
③ 플레이어는 레프리 또는 위원회에 규칙에 관한 도움을 요청할 수 있다. 그러나 합리적인 시간안에 도움을 받을 수 없는 경우, 도움을 받을 수 있을 때 레프리 또는 위원회에 문제를 제기하여야 한다.

규칙을 적용하기 위해 위치를 결정하는 경우 플레이어의 '합리적인 판단' 수용이란?

규칙은 플레이어가 규칙에 따라 지점, 점, 선, 경계, 구역, 그 밖의 위치를 결정할 것을 요구한다. 예를 들면

① 볼이 페널티구역의 경계를 마지막으로 통과한 지점을 추정할 때

② 볼을 드롭하거나 플레이스할 때

③ 볼을 리플레이스할 때

④ 볼이 놓인 코스의 구역을 결정할 때

⑤ 볼이 비정상적인 코스 상태에 닿아 있는지, 그 상태의 안이나 위에 있는지 여부를 결정할 때 등이다.

플레이어가 정확한 결정을 하기 위해 주어진 상황에서 할 수 있는 합리적인 노력을 다한 경우, 그 플레이어의 합리적인 판단은 그 스트로크를 한 후 비디오 증거나 그 밖의 정보에 의하여 그 결정이 잘못된 것으로 밝혀지더라도 그대로 받아들여진다(이 경우 페널티 없음).

단, 그 스트로크하기 전에 그 결정이 잘못된 것을 인지하게 되는 경우, 플레이어는 반드시 그 잘못을 바로잡아야 한다.

페널티를 받게 되는 행동과 종류

1. 페널티를 받게 되는 행동

① 플레이어나 그의 캐디의 행동으로 인해 규칙 위반이 일어난 경우.

② 다른 사람이 플레이어의 요청 위임을 받은 행동을 하면서 규칙에 위반되는 일이 일어난 경우.

③ 다른 사람이 플레이어의 볼이나 장비와 관련하여 규칙 위반 행위를 하려고 할 때 그만두게 하는 합리적인 조치를 취하지 않는 경우 페널티가 적용된다.

2. 페널티의 종류(3가지)

① 1페널티

매치플레이와 스트로크플레이에서 ① 규칙 위반이 사소한 경우 또는 ② 플레이어가 원래의 볼이 놓인 곳이 아닌 다른 장소에서 페널티 구제를 받는 경우. ※예 : 페널티구역 구제, 언플레이어블볼 등.

② 일반페널티(매치플레이 : 홀 패 / 스트로크플레이 : 2페널티)

1페널티만 적용하기에는 플레이어가 얻은 잠재적인 이익이 큰 대부분의 규칙 위반에 대하여 적용.

③ 실격

매치플레이와 스트로크플레이에서 골프의 정신에 어긋나는 매우 부당한 행동을 포함한 행동을 했거나 또는 플레이어의 스코어를 유효한 것으로 볼 수 없을 정도로 지나치게 큰 잠재적인 이익을 얻은 경우.

여러 개의 규칙 위반 또는 동일한 규칙을 여러 번 위반했을 때 페널티를 어떻게 적용하는가?

규칙을 위반한 것에 대하여 여러 개의 페널티를 받는지 여부는 각 위반 사이에 개재(스트로크 여부)하는 행위가 있었는지 여부와, 플레이어가 규칙 위반 여부를 인지하고 있거나 인지하게 된 상태에 따라 결정된다.

▶ 하나의 페널티만 적용

플레이어가 개재하는 행위들 사이에 여러 개의 규칙을 위반하거나 동일한 규칙을 여러 번 위반하는 경우, 플레이어는 하나의 페널티만 받는다. 단, 위반한 여러 규칙이 각기 다른 페널티가 부과되는 규칙인 경우, 플레이어는 그중 가장 높은 단계의 페널티만 받는다.

※ 예 : 플레이어가 퍼팅그린 가까이에서 움직일 수 없는 장해물로부터 구제를 받으면서 잘못된 장소에 볼을 드롭하고 그리고 플레이 선상에 있는 모래를 제거하고 나서 스트로크했다. 플레이어는 잘못된 장소(2페널티) 위반과 볼의 라이 개선(2페널티) 위반을 했다. 이 경우 플레이어는 2개의 규칙 위반 사이에 개재(인지)되어 있지 않기 때문에 하나의 페널티만 받는다.

▶ 여러 개의 페널티를 받는 경우

플레이어가 하나의 규칙을 위반하고 개재하는 행위를 한 후 동일한 규칙 또는 다른 규칙을 위반하는 경우, 플레이어는 여러 개의 페널티를 받는다.

※ 예 : 플레이어(A)가 일반구역에서 볼을 확인하기 위하여 볼의 지점을 마크하지 않고 집어 올렸다. 다른 플레이어(B)가 볼을 확인하기 위한 절차를 일러 주었다. A는 또 그 볼을 확인에 필요한 이상 볼을 닦았다. 이 경우, A는 같은 규칙을 두 번 위반하였다. 위반 사이에 개재되어 있기 때문에 총 2페널티 (1+1)를 받는다.

코스의 경계와 아웃오브바운즈(OB)

골프는 위원회가 정한 경계 안의 코스에서 플레이하는 것이며, 그 코스에 속하지 않은 구역은 아웃오브바운즈(OB)이다.

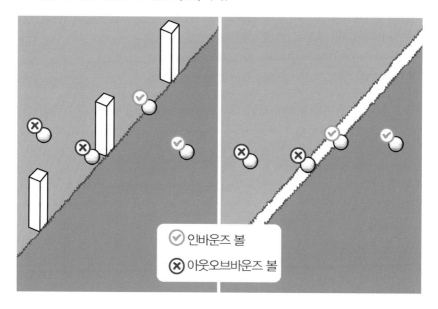

⊘ 인바운즈 볼

⊗ 아웃오브바운즈 볼

▶ 코스의 경계물(말뚝, 울타리)

말뚝이나 울타리로 규정된 경우 : 코스의 경계는 그 말뚝이나 울타리 기둥(비스듬하게 세워진 지지대는 제외)과 지면의 코스 쪽 접점을 이은 선으로 규정되며, 그 말뚝이나 울타리 기둥은 아웃오브바운즈(OB)에 있는 것이다. 코스의 경계는 지면의 위아래 방향으로 연장된다.

▶ 선

선으로 규정된 경우, 코스의 경계는 그 선의 코스 쪽 외곽선이며, 그 선 자체는 아웃오브바운즈에 있는 것이다. 코스의 경계가 선으로 규정된 경우, 말뚝은 코스의 경계를 나타내기 위해 사용될 뿐 다른 의미는 없다. 코스의 경계를 규정하는 말뚝이나 경계선은 흰색이어야 한다(그림 참조).

골프 코스는 어떻게 구성되는가?

코스는 다음의 5가지 구역으로 정해진다.

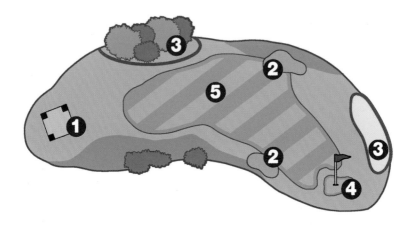

❶ 티잉구역 : 플레이어가 홀을 시작할 때 반드시 사용해야 하는 구역
❷ 벙커 : 모든 벙커
❸ 페널티구역 : 모든 페널티구역
❹ 퍼팅그린 : 플레이어가 플레이 중인 홀의 퍼팅그린
❺ 일반구역 : 티잉구역, 벙커, 페널티구역, 퍼팅그린을 제외한 코스의 전 구역

❶, ❷, ❸, ❹는 특별 구역, ❺는 일반구역이다.

코스 구역의 서열

볼의 일부가 일반구역과 4가지 특정한 코스의 구역 중 한 구역에 걸쳐 있는 경우, 그 볼은 특정한 코스의 구역에 놓인 것으로 간주된다. ※ 예 : 볼이 퍼팅그린과 일반구역(프린지)에 닿아 있을 때 퍼팅그린에 있는 볼임.

볼의 일부가 2가지 특정한 코스의 구역에 걸쳐 있는 경우, 그 볼은 페널티구역 〉 벙커 〉 퍼팅그린의 순으로 그 특정한 구역에 놓인 것으로 간주된다. 볼은 언제나 코스의 한 구역 위에만 놓여 있는 것으로 간주된다. ※ 예 : 볼이 페널티구역과 벙커구역에 있을 때 그 볼은 페널티구역에 있는 볼임.

플레이에 방해가 될 수 있는 물체나 상태로부터 페널티 없는 구제를 받는 경우는?

다음과 같이 특정하게 규정된 물체나 상태로 인한 방해로부터 페널티 없는 구제를 받을 수 있다.

▶ 루스임페디먼트 : 낙엽, 나뭇가지, 돌멩이, 동물의 배설물 등.

▶ 움직일 수 있는 장해물 : 고무래, 깃대, 수건, 볼, 볼 마커 등.

▶ 비정상적인 코스 상태 : 동물이 판 구멍, 수리지, 움직일 수 없는 장해물, 일시적으로 고인 물.

그러나 코스의 경계물(OB 말뚝, OB로 규정된 울타리 등)이나 코스와 분리할 수 없는 물체(코스의 일부로 위원회가 규정한 인공물)로부터는 페널티 없는 구제를 받을 수 없다.

 플레이금지구역에 있는 볼은 반드시 구제 받아야 한다

다음과 같은 경우 플레이어는 반드시 페널티 없는 구제를 받아야 한다.

— 플레이어의 볼이 플레이금지구역에 있거나

— 플레이금지구역 밖에 있는 볼을 플레이할 때 플레이금지구역이 스탠스 구역이나 스윙 구역에 방해가 되는 경우.

규칙에 따라 볼을 드롭하는 경우 플레이금지구역이라도 볼 드롭은 가능하나 반드시 플레이금지구역에 적용되는 규칙에 따라 구제를 받아야 한다. 플레이금지구역은 비정상적인 코스 상태와 페널티구역에만 존재함. 위반 시 일반페널티.

매치플레이 특성

매치플레이는 특정한 규칙(특히 컨시드와 타수에 대한 정보 제공)을 갖는다.

— 플레이어와 상대방은 모든 홀에서 오직 서로를 상대로만 경쟁하며,

— 서로의 플레이를 지켜볼 수 있고,

— 각자 자신의 이익을 지킬 수 있다.

 그로스 스코어 VS 네트 스코어

▶ 스크래치 경기

그로스 스코어 : 플레이어가 홀이나 그라운드를 플레이할 때, 스트로크한 총 타수(페널티 포함)를 의미함.

▶ 핸디캡 경기

네트 스코어 : 그 로스스코어에서 핸디캡 스트로크를 조정한 스코어임.

핸디캡 스트로크를 적용하는 것은 각기 다른 실력을 가진 플레이어들이 공정하게 경쟁할 수 있도록 하기 위한 것임.

13 매치플레이에서 홀을 비기는 경우

― 플레이어와 상대방이 같은 타수로 그 홀을 끝낸 경우.
― 플레이어와 상대방이 그 홀을 비긴 것으로 합의한 경우(단, 이 같은 합의는 플레이어와 상대방 중 적어도 한 사람이 그 홀을 시작하는 스트로크를 한 후에만 허용).

 14 매치플레이에서의 홀을 이기는 경우

― 플레이어가 상대방보다 적은 타수로 그 홀을 끝낸 경우.
― 상대방이 그 홀을 컨시드한 경우.
― 상대방이 일반페널티(홀 패)를 받은 경우.

 15 매치를 이기는 경우 & 비긴 매치의 연장

▶ **매치를 이기는 경우**
― 플레이할 남은 홀의 수보다 더 많은 홀을 이긴 상태로 상대방을 앞선 경우.
― 상대방이 매치를 컨시드한 경우.
― 상대방이 실격된 경우.

▶ **마지막 홀이 끝난 후 매치가 비기는 경우**
그 매치는 승자가 결정될 때까지 한 번에 한 홀씩 연장된다. 연장된 매치는 새로운 라운드가 아니라, 동일한 라운드의 연속이다. 위원회가 순서를 달리 정해놓지 않는 한, 연장되는 매치의 홀들은 그 라운드에서와 동일한 순서로 플레이한다. 그러나 비긴 매치는 연장하지 않고 비긴 상태 그대로 끝낼 수 있다.

16 매치플레이 경기에서 컨시드는 언제 어떻게 하는가?

플레이어는 다음 스트로크나 홀 또는 매치를 컨시드할 수 있다.

▶ 다음 스트로크 컨시드

상대방이 다음 스트로크를 하기 전 언제든지, 플레이어는 그 스트로크를 컨시드할 수 있다. 볼이 스트로크 후 움직이고 있는 동안 플레이어가 컨시드했으나 그 볼이 홀에 들어가지 않은 경우, 그 컨시드는 다음 스트로크에 적용된다.

▶ 홀 컨시드

플레이어들이 홀을 시작하기 전부터 그 홀이 끝나기 전, 언제든지 허용된다. 단, 플레이어와 상대방이 그 매치를 단축시킬 목적으로 홀을 컨시드하는 데 합의하는 것은 허용되지 않는다. 플레이어와 상대방이 이를 알고도 그렇게 하기로 합의하는 경우, 플레이어와 상대방은 모두 경기에서 실격된다.

▶ 매치 컨시드

매치를 시작하기 전부터 그 매치의 결과가 확정되기 전 언제든지 플레이어는 그 매치를 컨시드할 수 있다.

▶ 컨시드하는 방법

컨시드는 명백하게 의사소통이 된 경우에 한하여 성립된다. 컨시드는 플레이어가 그 스트로크나 홀 또는 매치를 컨시드하려는 의사를 말이나 행동(예 : 몸짓)으로 명백하게 나타냄으로써 성립될 수 있다. 컨시드는 최종적인 것이며, 거절하거나 번복할 수 없다.

다음 스트로크를 컨시드 받은 것으로 오해하고 볼을 집어 올렸다

A와 B의 매치에서, A의 다음 스트로크가 컨시드되었다는 뜻으로 해석될 수 있는 말을 B가 했다. A가 볼을 집어 올리자 B는 A에게 스트로크를 컨시드하지 않았다고 했다. 이 경우 처리는?

| A 페널티 없음 | 원래의 지점에 볼을 리플레이스한다(합리적 오해) |

B의 말이나 행동이 다음 스트로크나 홀 또는 매치를 컨시드한 것이라고 A가 합리적으로 오해하고 자신의 볼을 집어 올려서 규칙을 위반한 경우, 페널티는 없으나 그 볼은 반드시 원래의 지점에 리플레이스 해야 한다(그 지점을 알 수 없는 경우에는 반드시 추정해야 함). 그렇지 않은 경우(합리적 오해가 아닌 경우), A는 볼 위치를 마크하지 않고 집어올린 것에 대한 1페널티를 받게 되며, 원래의 지점에 볼을 리플레이스해야 한다.

 다음 스트로크를 컨시드 받고 퍼트했는데 볼이 홀에 들어가지 않았다

A와 B의 매치에서 A가 퍼트한 볼이 홀 가까이 정지하여 B가 다음 스트로크를 면제해 주었는데 A는 면제를 받지 않겠다고 대답했다. A가 퍼트했는데 볼이 홀을 빗나갔다면 B가 준 컨시드는 무효가 되는가?

| 그 컨시드 유효함 | 그 홀을 끝마친 것이 된다 |

컨시드를 받은 후 퍼트하여 볼이 홀에 들어가거나, 들어가지 않아도 면제해 준 시점에 그 홀을 끝마친 것이 된다.
컨시드는 최종적인 것이며, 거절하거나 번복할 수 없다.

핸디캡매치에서 핸디캡을 적용하는 방법

핸디캡 선언하기

플레이어와 상대방은 매치가 시작되기 전에 자신의 핸디캡을 서로에게 알려주어야 한다. 플레이어가 잘못된 핸디캡을 선언하고, 상대방이 다음 스트로크를 하기 전에 그 잘못을 바로잡지 않은 경우의 예는 다음과 같다.

▶ **실제 핸디캡보다 높게 선언한 핸디캡**

이것이 상대방과 주고받는 스트로크 수에 영향을 미친 경우, 플레이어는 실격이 된다. 단, 영향을 미치지 않은 경우에는 페널티가 없다.

▶ **실제 핸디캡보다 낮게 선언한 핸디캡**

페널티는 없지만, 플레이어는 반드시 낮게 선언한 핸디캡을 상대방과 주고받는 스트로크 수를 계산하는 데 사용해야 한다.

▶ **핸디캡 스트로크가 적용되는 홀**

핸디캡 스트로크는 홀에 따라 주어지며, 더 낮은 네트 스코어를 낸 플레이어가 그 홀을 이긴다.

스트로크 인덱스 할당은 일반적으로 스코어카드에 명시되어 있고, 플레이어는 어느 홀에서 핸디캡을 주고 받아야 하는지 알아야 할 책임이 있다.

매치플레이에서의 플레이어와 상대방의 4가지 책임

① 플레이어는 상대방이 타수를 물어볼 때 정확한 타수를 알려 주어야 한다.

② 페널티를 받은 경우는 가능한 빨리 상대방에게 알려 주어야 한다.

만약, 상대방이 묻는데 답하지 않은 경우 또는 잘못된 타수를 알려 주고 그 잘못을 제때(상대방이 다음 스트로크 또는 컨시드하기 전에) 바로잡지 않은 경우나 페널티를 받은 사실을 상대방에게 알려 주지 않은 경우, 플레이어는 일반페널티(홀 패)를 받는다. ※예외 : 상대방이 플레이어가 페널티 구제를 받는 것을 목격한 경우는 알려 주지 않아도 페널티 없음.

③ 매치스코어 알기

상대방과 플레이어는 누가 몇 홀을 앞서고 있는지(홀 업) 아니면 그 매치가 비기고 있는지(TIED 또는 올 스퀘어) 알고 있어야 한다. 플레이어와 상대방이 실수로 잘못된 매치스코어에 합의하는 경우, 제때에 매치스코어를 바로잡지 않으면 잘못된 매치스코어가 실제 매치스코어가 된다.

④ 자신의 권리와 이익 지키기 : 플레이어는 규칙에 따라 자신의 권리와 이익을 지켜야 한다.

― 플레이어가 상대방이 페널티가 부과되는 규칙을 위반한 것을 알고 있거나 확신하는 경우, 플레이어는 그 위반에 대한 조치를 취할 것인지 취하지 않을 것인지 선택할 수 있다. 그러나 플레이어와 상대방 모두가 규칙이나 페널티가 적용되는 것을 알면서도 적용하지 않기로 합의하고 플레이어와 상대방 중 누구든 그 라운드를 시작하면, 플레이어와 상대방 모두 실격된다.

― 누가 규칙을 위반했는지에 대해 서로 합의하지 못하는 경우, 플레이어와 상대방 중 누구든지 재정을 요청하여 자신의 권리를 지킬 수 있다.

21 18홀을 끝낸 뒤 매치가 타이드(Tied)라고 잘못 생각하여 추가 홀을 플레이했다

A와 B는 18홀을 끝냈을 때 매치가 비긴 것으로 생각하고 (실제는 A가 1개 홀을 이긴 상황이었다) 추가 홀 플레이에 들어가 19번째 홀에서 B가 승리했다. 그 후 A는 자기가 매치의 승자가 되어야 한다고 이의를 제기했다. 이런 경우 누가 승자가 되는가?

B승   A와 B는 매치 스코어를 정확하게 알고 있을 책임이 있다

플레이어와 상대방이 실수로 잘못된 매치 스코어에 합의하는 경우, 누구든 다음 홀을 스트로크하기 전에 플레이어와 상대방은 그 매치 스코어를 바로잡을 수 있다. 이 시간 안에 바로잡지 않은 경우, 잘못된 매치 스코어는 실제 매치 스코어가 된다.

22 스트로크플레이의 특성

각 플레이어는 그 경기에 참가한 다른 모든 플레이어를 상대로 경쟁하므로, 모든 플레이어는 규칙에 따라 동등하게 대우 받아야 한다. 특히 스트로크플레이는 스코어카드 작성과 홀 아웃하기의 특성을 갖고 있다. 라운드 후, 플레이어와 마커(플레이어의 스코어를 담당)는 반드시 플레이어의 각 홀 스코어가 맞는지 확인하고 서명해야 하며, 플레이어는 반드시 스코어카드를 위원회에 제출해야 한다.

우승자 결정 : 모든 라운드를 가장 적은 총 타수로 끝낸 플레이어가 그 경기의 우승자가 된다. 핸디캡 경기에서 가장 적은 총 타수는 네트 스코어로 가장 적은 타수를 의미한다. 라운드가 비긴 상태로 끝나서 승자가 결정될 때까지 플레이가 계속될 경우 스트로크플레이의 플레이오프(Play-off)는 새로운 라운드다.

마커와 플레이어의 책임

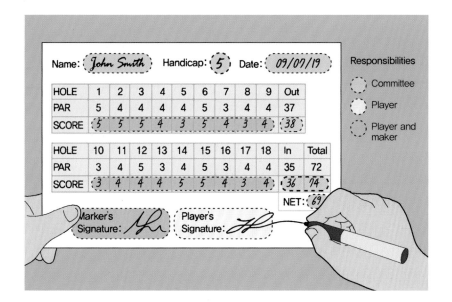

마커의 책임

라운드 동안 스코어카드에 플레이어의 홀 스코어를 기록하고 라운드가 끝난 후 반드시 그 스코어를 플레이어와 함께 확인, 서명해야 한다.

플레이어의 책임

플레이어는 라운드 동안 자신의 각 홀의 스코어를 알고 있어야 한다. 마커가 기록한 홀 스코어의 확인, 마커의 서명 확인 및 스코어카드를 신속하게 제출해야 한다. 스코어카드를 제출한 이후에는 스코어를 수정할 수 없다.

플레이어는 스코어카드에 스코어를 합산할 책임이 없다. 또한 스코어카드에 핸디캡을 명시할 책임이 없다(위원회의 책임임).

스코어카드에 홀 스코어를 잘못 기록했다

스코어카드에 홀 스코어를 잘못 기록한 경우 그 홀의 스코어는 어떻게 결정하는가?

더 높게 제출된 스코어 유효

▶ 플레이어가 실제 스코어보다 더 높은 스코어를 제출한 경우

더 높게 제출된 스코어가 유효하다.

▶ 제출된 스코어가 실제 스코어보다 낮은 경우 또는 스코어를 제출하지 않은 경우

플레이어는 실격된다.

▶ 예외

알지 못했기 때문에 페널티를 포함시키지 않은 경우 : 플레이어가 스코어카드를 제출하기 전에는 자신이 1페널티 이상의 페널티를 받는다는 것을 모르고 그 페널티를 타수에 포함시키지 않아서 플레이어의 홀 스코어가 실제 스코어보다 1타 이상 낮은 경우, 플레이어가 실격이 되는 것은 아니다. 그 잘못이 경기가 종료되기 전에 발견되는 경우, 위원회는 규칙에 따라 그 홀(들)의 스코어에 포함되었어야 할 페널티(들)를 추가하여 그 홀(들)의 스코어를 수정한다.

스코어카드에는 15홀의 스코어가 기록되어 있지 않고 합계는 정확하다면?

플레이어 A가 자신의 스코어카드를 제출했는데, 위원회에서 15번 홀의 스코어가 기록되어 있지 않은 것을 발견했다. A의 실제 스코어를 확인한 결과 스코어카드상의 합계는 정확했다. 이런 경우 플레이어 A는 어떤 페널티를 받는가?

경기 실격　　실격 처리

실제 홀 스코어보다 낮은 스코어를 제출했거나 스코어를 제출하지 않는 경우 플레이어는 실격된다.

 ## 플레이어가 스코어 합계를 잘못 기록했다

위원회에 제출된 카드상의 매 홀 스코어는 정확했으나, 합계란은 실제 스코어의 합계보다 1타 낮았다. 이런 경우 플레이어는 어떤 페널티를 받는가?

페널티 없음　　스코어 합계 책임은 위원회에 있음

플레이어는 각 홀별로 기입된 스코어의 정확성에만 책임을 진다.
플레이어의 핸디캡이 스코어카드상에 명시되어야 하거나 플레이어 스스로 자신의 홀 스코어를 합산해야 하는 요건은 없다.

골프 클럽은 아무것이나 사용해도 되는가?

플레이어는 스트로크를 할 때 반드시 「장비 규칙」의 요건에 적합한 클럽을 사용해야 한다. 단 적합한 클럽의 플레이 성능이 정상적으로 사용하는 과정에서 생긴 마모 때문에 변화되는 경우, 그 클럽은 여전히 적합한 클럽이다.

클럽의 '플레이 성능'이란 그 클럽이 쓰이는 방법이나 정렬을 보조하는 데 영향을 미치는 모든 부분·부품·속성을 말한다. 이러한 플레이 성능에는 무게 조절용 부품이라든가 라이, 로프트, 정렬 기능이 있는 부분 및 허용되는 외부 부착물도 포함되지만, 이에 국한되는 것은 아니다.

규칙에 부적합한 클럽으로 스트로크하면 경기 실격이 된다.

▶ 고의로 성능을 변화시킨 예 :

— 조정 가능한 부품을 사용하여 클럽의 성능을 변화시킨 경우.

— 클럽 헤드에 어떤 물질을 발라서 성능을 변화시킨 경우.

   단, 스트로크를 하기 전에 성능을 변화시킨 그 부품을 원래의 상태로 복원하거나 허용되지 않은 외부 부착물(스티커)을 제거한 경우 페널티가 없음.

Q28 부적합한 클럽을 갖고 스타트했지만 스트로크하지 않았다

홀을 스타트한 뒤에 가방 안에 규칙에 부적합한 클럽이 들어 있다는 것을 알았다. 그 클럽은 한 번도 스트로크하지 않았는데 페널티를 받는가?

페널티 없음　　**스트로크하면 실격임**

부적합한 클럽이나 라운드 동안 고의로 성능이 변화된 클럽을 가지고 있기만 한 경우(스트로크를 하지는 않은 경우)에는 페널티가 없다. 단, 그러한 클럽도 클럽 개수의 한도(14개)에 해당된다.

 Q29 클럽 개수의 제한은?

플레이어는 14개가 넘는 클럽을 가지고 라운드를 시작해서는 안 되며, 라운드 동안 14개가 넘는 클럽을 가지고 있어서도 안 된다. 클럽의 개수에는 플레이어 자신 또는 다른 사람이 플레이어를 위해 운반하는 모든 클럽을 포함한다. 14개 미만의 클럽을 가지고 라운드를 시작한 경우 14개의 한도까지 클럽을 추가할 수 있다(14개 클럽을 가지고 시작한 경우, 분실된 클럽은 추가 불가).

단, 다른 플레이어가 두고 간 클럽을 챙기거나 자신도 모르는 사이에 자신의 골프백에 어떤 클럽이 잘못 들어가 있는 경우는 클럽 개수 한도(14)에 포함되지 않는다. 그러나 플레이어는 그 클럽을 사용해서는 안 된다. 그리고 부러진 클럽을 가지고 라운드를 시작해도 14개 개수에 포함되지 않는다.

클럽 한도(14개)를 초과하여 라운드를 시작했다

15개의 클럽을 가지고 시작한 플레이어가 세 번째 홀을 플레이하던 중 위반을 인지했다면 페널티는 몇 타인가? 또 그 페널티는 어느 홀에 부과되는가?

4페널티	스트로크플레이에서는 라운드당 최대 4페널티

스트로크플레이

4페널티. 라운드 당 최대 4페널티. 위반이 일어난 첫 두 홀 1, 2번 홀에 각각 2페널티를 받는다.

매치플레이

플레이어는 반드시 그 홀을 끝내고 그 홀의 결과를 매치 스코어에 반영한 후 페널티를 적용하여 그 매치 스코어를 조정해야 한다. 라운드 당 최대 2홀을 뺀다. 예를 들면, 15개의 클럽을 가지고 시작한 플레이어가 세 번째 홀을 플레이하던 중 위반 사실을 인지하게 되었는데, 그 홀을 이겨서 그 매치에서 세 홀을 이긴 상태가 되었다. 이 경우, 최대 두 홀의 조정이 적용되므로, 그 플레이어는 그 매치에서 한 홀만 이긴 상태가 된다.

— 홀을 플레이하는 동안 위반을 인지한 경우 : 그 홀이 끝났을 때 반영.

— 홀과 홀 사이에서 위반을 인지한 경우 : 방금 끝난 홀에 반영.

 # 14개 초과 클럽을 플레이에서 배제하는 절차

라운드 동안

14개가 넘는 클럽을 라운드하는 동안 인지하게 되는 경우, 플레이어는 반드시 다음 스트로크를 하기 전에. 매치플레이에서는 상대방, 스트로크플레이에서는 마커나 같은 그룹의 다른 플레이어에게 어떤 클럽을 배제할 것인지 선언하여 행동으로 나타내야 한다.

※예 : 그 클럽을 골프백에 거꾸로 집어넣거나, 골프 카트 바닥에 내려놓거나, 다른 사람에게 건네준다. 플레이에서 배제한 클럽은 해당 라운드의 남은 부분에서 사용하면 안 된다. 위반 시 실격.

라운드 전

14개가 넘는 클럽을 라운드 전에 인지하게 되는 경우, 플레이어는 그 초과된 클럽(들)을 배제하고 라운드를 시작하면 페널티를 받지 않는다.

스트로크하다가 클럽이 부러졌다

스트로크하다가 클럽이 부러졌다. 클럽을 교체하거나 수리할 수 있는가?

수리 가능	교체나 수리 가능함

라운드 동안 플레이어는 계속해서 그 손상된 클럽으로 스트로크를 하거나, 그 클럽을 수리하거나 다른 클럽으로 교체할 수 있다. 떨어져 나간 납테이프 교체 가능, 헐거워진 클럽을 조정하여 단단히 조이기 가능.

▶ 교체 시 유의 사항
— 플레이어는 플레이를 부당하게 지연시켜서는 안 됨.
— 그 코스에서 플레이 중인 다른 플레이어가 운반중이거나 그 다른 플레이어를 위해 운반중인 클럽을 추가하거나 빌려서는 안 되며, 또한 그들이나 플레이어가 운반중인 부품으로 클럽을 조립해서는 안 된다.

화가 나서 클럽을 망가뜨렸다

샷 실패로 화가 나서 클럽을 세게 내리쳤더니 클럽 샤프트가 부러졌다. 이 클럽을 사용하면 페널티가 있는가? 또 수리 또는 대체 가능한가?

페널티 없음 **페널티 없이 사용 가능하지만 수리 및 교체 불가**

적합한 클럽이 라운드 동안 또는 플레이가 중단되는 동안 손상되는 경우, 플레이어는 그 클럽을 수리하거나 다른 클럽으로 교체할 수 있다. 다만 플레이어가 클럽을 남용하여 그 클럽이 손상된 경우는 예외다.

플레이어가 화가 나 클럽으로 땅이나 나무 등에 클럽을 내리치는 행위로 인한 손상은 그 라운드 동안 그 클럽을 사용하는 것은 가능하지만, 라운드 동안 수리 및 교체는 허용하지 않는다. 위반 시 실격.

실수로 다른 플레이어의 클럽을 사용했다

2번 홀에서 드라이버 샷을 하고 나서 다른 플레이어의 클럽이었다는 것을 알았다. 드라이버가 똑같은 제품이어서 캐디가 가방에 잘못 넣은 것 같다.

2페널티	드라이버를 소유주에게 즉시 돌려준다

플레이어는 자신이 선택한 14개 이내의 클럽으로 라운드를 플레이해야 한다. 다른 플레이어나 캐디가 실수로 다른 사람의 클럽을 잘못 넣었을 경우, 사용했다면 2페널티를 받지만, 사용하지 않았다면 페널티는 없다.

또 플레이어는 그 사실을 인지하게 된 경우, 다른 스트로크를 하기 전에 그 클럽을 배제해야 한다. 즉 해당 클럽을 소유주에게 넘겨주어야 한다.

 다른 플레이어에게 허락 받고 클럽을 빌려 썼다

골프백이 멀리 있어서 퍼터를 가지러 가는 것이 귀찮아 퍼터를 빌려 사용했다.

2페널티	퍼터를 소유주에게 즉시 돌려준다

그 클럽을 사용하지 않겠다고 선언하고 소유주에게 돌려주어야 한다.

클럽의 공동 사용 금지 : 플레이어가 사용할 수 있는 클럽은 라운드를 시작할 때 가지고 있던 클럽 또는 14개 이하로 시작한 경우에 그 추가된 클럽으로 제한된다. 플레이어는 그 코스에서 플레이 중인 다른 플레이어가 사용 중인 클럽으로 스트로크를 해서는 안 된다.

홀 방향을 향해 클럽을 발 앞에 놓고 스트로크했다

홀 방향을 정확히 조준하기 위해 골프 클럽을 발 앞에 놓고 스트로크했다. 페널티가 있는가?

2페널티	클럽이나 다른 물체를 사용하면 안 된다

플레이어는 목표 지점을 조준하거나 스트로크를 위한 스탠스를 취하는 것과 관련된 도움을 받기 위하여 어떤 물체(클럽, 얼라인먼트 등)를 지면에 내려놓아서는 안 된다.

스트로크를 하기 전에 그 물체를 제거하더라도 플레이어는 페널티를 면할 수 없다.

플레이에 허용되는 볼

▶ 반드시 장비 규칙에 적합한 볼을 사용해야 한다.

— 플레이어는 그 코스에서 플레이 중인 다른 플레이어를 포함한 어느 누구에게서든 적합한 볼을 얻을 수 있다.

▶ 고의로 변화된 볼을 플레이해서는 안 된다.

— 플레이어는 플레이 성능을 고의로 변화시킨 볼을 스트로크해서는 안 된다.

※ 예 : 긁어서 홈을 내거나 가열하거나 어떤 물질(세척용 물질은 제외)을 바른 볼. 적합하지 않은 볼을 스트로크하면 실격.

Q38 스트로크를 했는데 볼이 두 조각으로 쪼개졌다

티샷을 했는데 볼이 두 조각이 나 버렸다. 어떻게 처리해야 하는가?

페널티 없음   티잉구역으로 돌아가 다른 볼로 다시 티샷한다

스트로크 후 플레이어의 볼이 갈라지거나 금이 간 경우, 페널티는 없으며 그 스트로크는 타수에 포함되지 않는다.

티잉구역에서 직전의 스트로크를 한 경우, 반드시 티잉구역 안에서 볼을 플레이해야 한다. 일반구역, 벙커, 페널티구역에서 직전의 스트로크를 한 경우, 기준점은 그 직전의 스트로크를 한 지점이다. 볼은 그 기준점과 동일한 코스의 구역에 있고 그 기준점으로부터 한 클럽 길이 이내에 있으면서 그 기준점보다 홀에 더 가깝지 않은 지점에 드롭한다. 퍼팅그린에서 직전의 스트로크를 한 경우, 그 직전의 스트로크를 한 지점에 볼을 플레이스한다.

39 플레이 중에 볼이 손상되었는지 확인하고 싶다

한 홀을 플레이하다가 볼이 손상되었는지(금이 갔거나 깨진 경우) 확인하고 싶어
졌다. 어떤 절차를 거쳐야 하나?

확인 절차

먼저 볼의 위치를 마크하고 볼을 집어 올림. 볼을 닦지 말 것. 이때 마커나 동반
플레이어에게 볼을 확인하겠다는 자신의 의사를 밝히지 않아도 된다.

— 확인 결과, 집어 올린 볼이 금이 갔거나, 깨진 경우 페널티 없이 다른 볼로
  교체할 수 있으며 교체된 볼로 리플레이스한다.

— 확인 결과 볼의 표면이 긁혀 있거나 스친 자국, 페인트 자국이 벗겨졌거나
  색이 변한 것은 교체해서는 안 된다. 이때는 집어 올린 볼을 그 자리에 리플
  레이스해야 한다. 이 경우 볼을 교체하면 1페널티.

 40 내 볼을 다 써서 다른 플레이어의 볼을 빌려 썼다

라운드 중에 볼을 분실하거나 연못에 빠뜨리는 바람에 소지한 볼을 모두 써 버
렸다. 이런 경우 다른 플레이어의 볼을 빌려서 플레이하면 페널티가 있는가?

페널티 없음 누구에게서든 적합한 볼을 얻을 수 있다

플레이어는 그 코스에서 플레이하는 다른 플레이어를 포함한 어느 누구에게서
든 적합한 볼을 얻을 수 있다. 단, 경기 조건에 원볼 룰 조건이 규정되어 있다면
동일한 상표, 동일한 모델, 동일한 색깔의 볼을 사용해야만 한다.

Q41 라운드 중에 거리측정기와 나침반을 사용했다

라운드 중에 거리나 방향을 확인하기 위해 거리 측정기와 나침반을 사용했다. 페널티가 있는가?

페널티 없음 거리측정기나 나침반을 사용할 수 있다

다음의 경우에는 페널티가 있다.

— 홀의 높낮이 변화를 측정하는 경우

— 거리나 방향에 관한 정보를 분석하는 기기를 사용한 경우.

※ 예 : 플레이어의 볼을 정렬하는 데 도움이 되는 정렬 도구를 사용.

— 위반에 대한 페널티 : 처음 위반 시 일반페널티(2페널티) / 두 번째 위반 시 실격.

42 일기예보를 스마트폰으로 확인할 수 있는가?

라운드 중에 그날의 일기예보(기온, 습도, 바람 등)를 알아보기 위해 스마트폰 등의 전자기기를 사용했다.

페널티 없음	허용된다

기상예보에 공개된 모든 유형의 기상정보(풍속 포함)를 얻거나 코스에서 기온과 습도를 측정하는 경우는 허용하고 있다. 그러나 코스에서 풍속을 측정하는 경우나 바람과 관련된 정보를 알아보기 위한 파우더, 손수건, 리본을 사용하는 경우는 규칙 위반으로 2페널티를 받는다. 두 번째 위반 시 실격.

 43 라운드 중에 음악을 듣고 싶다

라운드 중에 오디오나 비디오를 듣거나 볼 수 있는가?

페널티 없음	허용된다

▶ 허용되는 경우

경기와 무관한 오디오나 비디오를 듣고 보는 경우. 뉴스나 배경 음악이 이에 해당된다.

▶ 허용되지 않는 경우

스윙 템포를 유지하기 위해 음악이나 오디오를 듣는 경우나 클럽 선택이나 스트로크 및 플레이 방법을 결정하는 데 도움이 되는 영상을 시청하는 경우. 처음 위반하면 일반페널티, 두 번째 위반 시 실격.

Q44 비에 젖은 그립이 미끄러워서 수건을 감고 쳤다

예상치 못한 비에 그립이 젖어 미끄러워서 수건을 감고 쳤다. 페널티가 있는가?

페널티 없음 헝겊이나 수건으로 그립을 감싸는 것은 허용된다

▶ 허용되는 행위

수건이나 헝겊으로 그립을 감싸거나 장갑(「장비 규칙」의 요건에 부합되는 것) 착용, 레진 · 파우더 · 습윤제 · 건조제 등은 허용된다.

▶ 허용되지 않는 행위

「장비 규칙」의 요건에 맞지 않는 장갑을 사용하는 경우나 손의 위치나 그립의 강도에 부당한 이익을 주는 장비를 사용하는 경우. 처음 위반하면 일반페널티, 두 번째 위반 시 실격.

스트레칭 기구, 골프 훈련용 · 스윙용 도구 사용

허용되는 경우

스윙 연습용이 아닌 일반적인 스트레칭용 장비를 사용하는 경우.

※예 : 얼라인먼트 스틱, 운동용 고무 밴드, 막대 파이프.

허용되지 않는 경우

골프 훈련용이나 스윙용 도구(얼라인먼트 스틱 · 무거운 헤드 커버 · 도넛 모양의 스윙 보조기 등) 또는 스트로크를 준비하거나 실행하는 것(스윙 플레인을 체크해 보거나 클럽을 잡듯 그립을 하거나, 플레이 선 정렬의 보조 기구로 쓰거나 스윙 자세 등을 잡는 데 사용하는 것은 불가). 처음 위반한 경우 일반페널티, 두 번째 위반 시 실격.

 ## 의료적인 이유로 테이프 등의 의료기기를 사용했다

부상 방지 및 기존 부상을 보호할 목적으로 테이프를 붙이거나 의료기기를 사용 해도 되는가?

페널티 없음 테이프를 붙이거나 의료기기 사용이 허용된다

단, 그러한 테이프나 의료용품이 과도하게 사용되어서는 안 되며, 그 의료용품 이 플레이어가 클럽으로 스윙하는 데 도움이 될 정도로 관절을 고정해 주는 것 이어서는 안 된다.

처음 위반하면 일반페널티, 홀과 홀 사이에서 위반 시 다음 홀에 적용, 두 번째 위반 시 실격.

라운드의 정의

'라운드'란 위원회가 정한 순서대로 18개(또는 그 이하)의 홀을 플레이하는 것을 말한다. 플레이어는 경기가 중단된 동안을 제외하고 라운드가 시작될 때부터 끝날 때까지 자신의 라운드를 계속 플레이해야 한다.

라운드가 비긴 상태로 끝나서 승자(또는 우승자)가 결정될 때까지 플레이가 계속될 경우
— 비긴 매치는 한 번에 한 홀씩 연장된다. 이는 새로운 라운드가 아니라, 동일한 정규 라운드의 연속이다.
— 스트로크플레이의 플레이오프는 새로운 라운드다.

 플레이어가 라운드를 시작해야 하는 시점

플레이어는 반드시 위원회가 정한 정확한 출발 시각에 라운드를 시작해야 한다. 위원회가 정한 출발 시각은 정확한 시각을 의미한다. 예를 들어, 출발 시각이 오전 9시라는 것은 오전 9시부터 9시 01분까지의 어느 시점이 아니라, 정확하게 오전 9:00:00라는 것을 의미한다. 단, 기상 악화 또는 앞 조의 지연으로 인한 상황으로 자신의 조가 출발 시각에 출발하지 못하는 경우는 예외임. 위반 시 실격.

※예외 : 플레이어가 출발 시각보다 5분 이내로 일찍 스타트하거나, 늦게 출발 지점에 도착하여 5분 이내로 늦게 출발하는 경우 일반페널티. 단, 5분 초과 시 경기 실격.

경기 시작(라운드) 전 시합 코스에서 연습하고 싶다

플레이어가 경기를 시작하기 전에 시합 예정인 코스에서 미리 연습할 수 있는가?

매치플레이 : 허용함 / 스트로크플레이 : 불가

플레이어는 라운드 전에 그 코스에서 연습을 해서는 안 된다. 단, 자신의 첫 번째 티잉구역 근처에서의 퍼팅·치핑 연습이나 연습 구역에서의 연습은 할 수 있다. 그리고 그날의 자신의 마지막 라운드를 끝낸 뒤에는 가능함.
첫 번째 위반 시 일반페널티(플레이어의 첫 번째 홀에 적용), 두 번째 위반 시 실격.

 홀과 홀 사이에서의 연습하고 싶다

플레이어가 경기를 하고 있는 홀과 홀 사이에서는 연습을 할 수 있는가?

연습 불가 **위반 시 2페널티(다음 홀에 적용함)**

예외 : 방금 끝난 홀의 퍼팅그린과 모든 연습 그린 그리고 다음 홀의 티잉구역은 가능하다. 그러나 벙커에서는 연습 스트로크를 해서는 안 되며, 연습 스트로크로 인하여 플레이를 부당하게 지연시켜서도 안 된다.
위원회는 방금 끝난 홀의 퍼팅그린이나 그 근처에서 퍼팅·치핑 연습을 금지하는 로컬 룰을 채택할 수 있다.

홀을 플레이하는 동안 어프로치샷 연습을 했다

페어웨이에서 앞 조가 퍼팅그린에서 경기가 끝나지 않아 기다리는 동안 다른 볼을 꺼내 어프로치 연습을 했다. 페널티는?

2페널티　　**연습할 수 없다**

홀을 플레이하는 동안 플레이어는 코스 안팎에 있는 어떤 볼에도 연습 스트로크를 해서는 안 된다.

단, 연습 스윙, 연습장이나 다른 플레이어 쪽으로 보내 주기 위해 볼을 친 경우, 홀 아웃 후 플레이어가 한 스트로크 등은 연습 스트로크에 해당되지 않는다.

플레이 속도에 관한 권장 사항 및 부당한 지연

스트로크플레이 속도에 관한 권장 사항

— 플레이어는 라운드 내내 신속한 속도로 플레이해야 하며,

— 플레이할 순서가 된 플레이어는 40초 안에, 대체로는 그보다 빨리 스트로크
할 것을 권장한다.

— 플레이 속도의 향상을 위해 플레이들은 안전을 확보한 상태에서 순서와 관
계없이 플레이할 수 있다.

**플레이어는 홀을 플레이하는 동안이나 홀과 홀 사이에서 플레이를 부당하게 지
연시켜서는 안 된다.**

— 합리적 지연 : 음료 등을 가져오기 위해 클럽하우스, 그늘집에 잠깐 들르기.

— 부당한 지연 : 3분 이상 볼 찾기, 잃어버린 클럽을 찾으러 퍼팅그린에서 티잉
구역으로 되돌아가는 것.

페널티

— 첫 번째 위반 시 1페널티.

— 두 번째 위반 시 일반페널티.

— 세 번째 위반 시 실격.

※ 홀과 홀 사이에서 플레이를 부당하게 지연시킨 경우 페널티는 다음 홀에 적
용된다.

위원회가 플레이를 중단시켰다

위원회가 플레이를 중단시키는 경우 플레이어는 어떻게 행동해야 하는가?

즉시 중단(위험이 임박한 상황)

플레이어는 즉시 경기를 중단하고 위원회가 재개 선언할 때까지 스트로크를 해서는 안 된다.

일반적인 중단(일몰, 안개, 코스 상태 등)

① 그 조가 홀과 홀 사이 있는 경우는 중단하고 재개 시까지 기다림.

② 홀을 플레이 중인 경우는 그 홀을 끝낼 것인지 아니면 중단할 것인지를 2분 안에 결정해야 함. 그 홀을 끝낸 후에 플레이를 중단하기로 했던 플레이어 들은 선택했던 대로 하거나 그 홀을 끝내기 전에 중단할 수 있다.

중단 시점에 대해 합의가 이루어지지 않을 경우

① 매치플레이 : 상대방이 중단했는데 플레이어가 중단하지 않으면 플레이어는 홀 패가 됨.

② 스트로크플레이 : 자신의 마커가 입회하면 그 홀 플레이를 계속할 수 있음.

플레이가 중단되었다가 위원회가 정한 시각보다 일찍 플레이를 재개했다

플레이어가 경기가 시작된 줄 알고 사이렌이 울리기 2분 전에 플레이를 재개하였다. 플레이어는 어떤 페널티를 받는가?

2페널티	위원회가 플레이를 재개한 시각에 플레이를 재개해야 함

반드시 위원회가 정한 시각(그보다 이르지 않은)에 플레이를 재개해야 한다. 위반 시 실격.

— 실격되지 않는 예외의 경우 : 5분 이내 일찍 출발한 경우는 2페널티.

— 재개되는 장소 : 반드시 홀에서 중단했던 바로 그곳에서 재개한다. 홀과 홀 사이는 다음 홀의 티잉구역에서 재개해야 한다.

 홀 플레이가 시작되는 시점은?

홀이 시작되는 시점

플레이어가 홀을 시작하기 위한 스트로크를 하는 시점에, 그 홀의 플레이는 시작된다. 그 스트로크를 티잉구역 밖에서 했거나 그 스트로크가 규칙에 따라 취소되었더라도, 그 홀은 시작된 것이다.

플레이어는 반드시 티잉구역 안에서 볼을 플레이해야 한다.

매치플레이 : 플레이어가 티잉구역 밖에서 플레이하더라도 페널티는 없다. 그러나 상대방은 그 스트로크를 취소할 수 있다.

스트로크플레이 : 플레이어는 일반페널티(2페널티)를 받고, 반드시 티잉구역 안에서 볼을 플레이하여 그 잘못을 바로잡아야 한다. 다음 홀 시작하기 전, 마지막 홀인 경우 스코어카드를 접수하기 전에 바로잡지 않으면 실격.

홀 플레이 순서

매치플레이

매치플레이에서는 플레이 순서가 기본적인 요소다. 플레이어가 순서를 지키지 않고 플레이한 경우, 상대방은 그 스트로크를 취소하고 플레이어에게 다시 플레이하도록 요구할 수 있다.

① 첫 번째 홀을 시작할 때 : 위원회가 정한 조 편성상의 순서에 따라, 조 편성이 없는 경우에는 합의에 따라 결정.

② 그 밖의 홀을 시작할 때 : 직전의 홀을 이긴 플레이어가 다음 티잉구역에서 '아너(Honor)'를 한다. 홀을 비긴 경우는 직전의 티잉구역에서 아너를 했던 플레이어가 그대로 아너를 한다.

③ 홀을 시작한 후 : 홀에서 더 멀리 있는 볼을 먼저 플레이해야 한다.

스트로크플레이

스트로크플레이에서는 순서를 지키지 않고 플레이한 것에 대한 페널티가 없다. 안전을 확보한 상태에서 순서와 관계없이 플레이하는 것을 허용하며 권장한다.

① 첫 번째 홀을 시작할 때 : 위원회가 정한 조 편성상의 순서에 따라, 조 편성이 없는 경우에는 합의에 따라 결정한다.

② 그 밖의 모든 홀을 시작할 때 : 전 홀에서 가장 낮은 그로스 스코어를 낸 플레이어가 다음 티잉구역에서 아너를 하며, 그 다음 낮은 그로스 스코어를 낸 순서대로 결정된다. 둘 이상의 플레이어들의 홀 스코어가 같은 경우, 직전의 티잉구역에서 플레이했던 순서와 동일한 순서로 플레이해야 한다. 아너는 그로스 스코어를 기준으로 결정된다. 핸디캡 경기에서도 마찬가지다.

③ 그 조의 플레이어들 모두가 홀을 시작한 이후 : 홀에서 가장 멀리 있는 볼을 가장 먼저 플레이해야 한다.

홀 플레이를 끝내는 시점

홀 플레이는 어느 시점에 끝나는가?

매치플레이

— 플레이어가 홀 아웃하는 시점 또는 플레이어의 다음 스트로크가 컨시드를 받는 시점.

— 홀의 결과가 결정되는 시점.

※예 : 상대방이 홀을 컨시드한 시점 또는 상대방의 홀 스코어가 플레이어의 예상 스코어보다 낮은 시점 또는 플레이어나 상대방이 일반페널티(홀 패)를 받은 시점.

스트로크플레이

플레이어가 홀 아웃하는 시점.

— 플레이어가 자신이 홀을 끝냈다는 것을 알지 못하고 그 홀의 플레이를 계속 하려고 한 경우, 그 플레이어의 계속된 플레이는 연습으로 간주되지 않으며 플레이어가 다른 볼(잘못된 볼 포함)을 플레이한 것에 대한 페널티도 없다.

PART
2

티잉구역

티잉구역, 티잉구역 안과 밖에 있는 볼 구분하기

티잉구역이란?

플레이어가 홀 플레이를 시작할 때 반드시 플레이해야 하는 구역.

▶ 티잉구역의 경계

앞쪽은 두 개의 티 마커의 맨 앞부분의 점들을 이은 선, 좌우 경계는 두 개의
티 마커의 바깥쪽 점들로부터 후방으로 두 클럽 길이 이내임(직사각형 구역).

— 코스 위에 있는 다른 모든 티잉 장소는 같은 홀에 있든 다른 홀에 있든 일반
구역의 일부이다.

— 볼의 일부라도 티잉구역에 닿아 있거나 티잉구역 위에 있는 경우, 그 볼은
티잉구역에 있는 볼이다.

▶ 티잉구역 안에 있는 볼과 밖에 있는 볼 구분하기

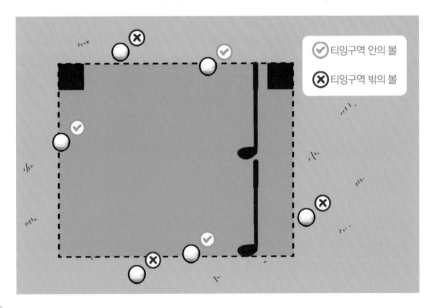

티잉구역 규칙이란?

플레이어가 티잉구역에서 플레이할 것을 요구되거나 허용되는 경우에 적용되는 규칙으로,

① 플레이어가 그 홀의 플레이를 시작하는 경우,

② 플레이어가 규칙에 따라 티잉구역에서 다시 플레이할 경우,

③ 스트로크 후 또는 플레이어가 구제를 받은 후, 플레이어의 볼이 티잉구역에서 인플레이 상태가 되는 경우,

이 규칙은 그 홀의 티잉구역에만 적용되며, 동일한 홀의 티잉 장소나 다른 홀의 티잉 장소에는 적용되지 않는다.

▶ 볼이 티잉구역에 있는 경우(그림 참조), 플레이어는 티잉구역 밖에서 스트로크할 수 있다.

▶ 티잉구역에서 플레이하는 볼은 지면에 티를 꽂거나, 지면에 둔 티에 올려놓거나 또는 티 없이 볼만 지면에 내려놓고 플레이해야 한다. '지면'에는 티나 볼을 올려놓기 위해 소복하게 모아 둔 모래나 그 밖의 자연물이 포함된다. 부적합한 티에 올려놓은 볼에 스트로크를 해서는 안 된다(티 : 「용어의 정의」 참조). 첫 번째 위반 시 일반페널티, 두 번째 위반 시 실격.

▶ 플레이어는 티잉구역에서 스트로크에 영향을 미치는 상태를 개선하는 행동을 할 수 있다.

▶ 스트로크를 하기 전에 그 티잉구역의 티 마커를 하나라도 움직여서 스트로크에 영향을 미치는 상태를 개선하는 경우, 플레이어는 일반페널티를 받는다.

▶ 스트로크를 하기 전까지 그 볼은 인플레이 상태가 아니다.

▶ 인플레이 상태의 볼이 티잉구역에 놓인 경우 페널티 없이 그 볼을 집어 올리거나 움직일 수도 있다. 그 볼을 놓은 그대로 플레이할 수도 있으며, 그 티잉구역 어디에서든 티에 올려놓거나 지면에 내려놓고 플레이할 수도 있다.

Q 60 티샷을 할 때 티 대신 모래(흙)을 돋우고 볼을 놓고 쳤다

티샷을 할 때 모래를 돋우고 그 위에 볼을 놓고 쳤다. 페널티가 있는가?

페널티 없음 **티잉구역에서 허용되는 행동임**

티샷을 하는 경우에 티 위에 볼을 올려놓고 치는 것이 허용될 뿐만 아니라 지면(모아 둔 모래, 자연물)에 내려놓고 칠 수도 있다. 또한 울퉁불퉁한 지면을 편평하게 고르거나, 이슬·서리·물 등을 제거하는 것도 허용된다.

티잉구역에서 헛스윙했다

볼을 스트로크했으나 볼을 맞히지 못했다. 페널티는?

페널티 없음　　**스트로크 수 1타 계산**

볼이 스트로크 후(스트로크를 했으나 볼을 맞히지 못해 그 볼이 티 위에 그대로 있는 경우) 또는 구제를 받은 후 티잉구역에 있는 경우 그 볼을 페널티 없이 집어 올리거나 움직일 수도 있고, 놓인 그대로 플레이할 수도 있다.

또 티잉구역 어디든 티에 올려놓거나 지면에 내려놓고 플레이하는 것이 가능하다.

스트로크 후 티잉구역에 떨어진 볼을 다시 티업하고 쳤다

스트로크를 했는데 볼이 멀리 날아가지 못하고 티잉구역에 멈추었다. 티잉구역
에 멈춘 볼을 집어 올려 다시 티업하고 볼을 쳤다. 페널티는?

페널티 없음   **스트로크 수 1타 계산**

인플레이볼이 스트로크 후 티잉구역에 놓여 있는 경우 페널티 없이 그 볼을 집
어 올리거나 움직일 수도 있고 그 볼이 놓여 있는 상태 그대로 플레이할 수도
있다.
티잉구역에서 어디든 티업 하고 다시 티샷 할 수 있다.

다음 샷을 할 때 방해 되는 티 마커를 제거하고 싶다

볼을 티샷한 후 티 마커 바로 앞에 떨어져 다음 샷에 방해가 된다. 티 마커를 제거하고 볼을 스트로크하면 페널티를 받는가?

페널티 없음　　**티 마커를 뽑고 플레이할 수 있다**

단, 스트로크 후에는 티 마커를 원래의 위치에 돌려놓아야 함.

티 샷을 하기 전까지 티 마커는 고정물이므로 절대로 움직여서 안 된다. 움직이면 2페널티.

그 밖의 모든 상황에서는 티 마커는 '움직일 수 있는 장해물'로 간주된다.

티 마커의 위치를 바꾸고 티샷을 했다

티 마커의 방향이 잘못 놓여 있다고 생각하여 플레이가 티 마커를 약간 돌려놓고 티샷을 했다. 이런 경우 페널티를 받는가?

2페널티   티 마커의 위치는 모든 플레이들에게 동일해야 한다

스트로크플레이에서, 티 마커는 홀의 티잉구역에서 그 볼을 처음 스트로크하기까지는 고정물로 뽑거나 이동할 수 없다.

단, 플레이어가 이러한 행동이 규칙에 위반된다는 사실을 몰랐다가 그 후 알게 되어 티 마커를 제자리에 가져다 놓고 치면 페널티 없음.

티잉구역 밖에 티를 꽂고 볼을 쳤는데 OB가 되었다

볼을 티잉구역에 티를 꽂고 볼을 쳤다고 생각했는데 나중에 보니 약간 앞쪽이었다. 그 볼이 또 OB가 났다. 총 페널티는?

2페널티	티잉구역 안에서 다시 티샷을 해야 함(3타째)

티잉구역 밖에 티를 꽂고 볼을 플레이하면 그 볼은 인플레이볼이 아니기 때문에 그 볼이 코스 안에 정지하든 아웃오브바운즈에 정지하든, 티잉구역 밖에서 플레이한 페널티(2페널티)만 받는다.

다음 홀 티 샷 하기 전에 반드시 그 잘못을 바로잡아야 하며, 마지막 홀인 경우 스코어카드를 제출하기 전에 그 잘못을 바로잡아야 한다. 정정하지 않으면 플레이어는 경기 실격된다.

볼은 티잉구역 안에 티업하고 플레이어는 티잉구역 밖에서 플레이했다

볼은 티잉구역 안에 티업하고 플레이어는 티잉구역 밖에서 플레이했다. 페널티는?

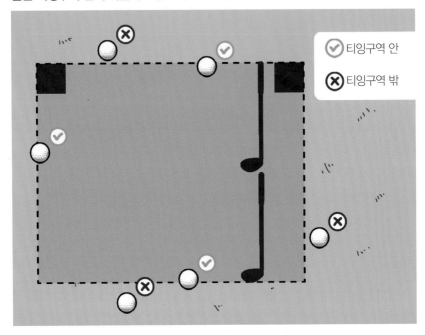

티잉구역 안
티잉구역 밖

페널티 없음　플레이어는 티잉구역 밖에 설 수 있다

볼이 티잉구역 안에 위치하고 있다면 플레이어는 티잉구역 밖에서 스탠스를 잡고 스트로크를 해도 페널티는 없다.

※「티잉구역 규칙」 참조.

67 **티에 볼을 올려놓고 나서 볼 뒤쪽 잔디를 밟았다**

티를 꽂고 볼을 올린 뒤 볼 뒤쪽 잔디가 길어 그 잔디를 발로 밟았다. 볼 뒤의 잔디를 밟으면 라이 개선의 벌을 받는가?

페널티 없음 **티잉구역에서 허용되는 행동임**

스트로크하기 전에 티잉구역에서 허용되는 행동

① 지면을 변경하는 행동. 예를 들어 클럽이나 발로 지면을 파는 행동.

② 지면에 붙어 있거나 자라나는 풀이나 잡초 또는 그 밖의 자연물을 움직이거나 구부리거나 부러뜨리는 행동.

③ 모래나 흙을 제거하거나 누르는 행동.

④ 이슬이나 서리 또는 물을 제거하는 행동.

티에서 떨어지는 볼을 플레이했다

플레이어가 볼이 티에서 떨어지려고 하는데 스윙을 멈출 수가 없어 스트로크하고 말았다. 페널티를 받는가?

페널티 없음 **스트로크는 타수에 포함된다**

볼이 티에서 떨어지는 도중이나 떨어진 후에 플레이어가 그 볼에 스트로크를 한 경우에는 페널티는 없지만 그 스트로크는 타수에 포함된다.

Q 69 연습 스윙을 했는데 볼이 티에서 떨어졌다

긴장을 풀기 위해 가볍게 연습 스윙을 하는데 볼이 티에서 떨어졌다. 페널티 없이 다시 티업할 수 있는가?

페널티 없음 　티잉구역 안 어디든 티업 가능

플레이어가 스트로크를 하기 전에 티에 올려놓은 볼이 티에서 저절로 떨어지거나 플레이어가 그 볼을 떨어지게 하는 경우, 그 볼은 페널티 없이 티잉구역에서 다시 티업할 수 있다.

70 **티샷 한 볼이 OB가 되었다**

티샷한 볼이 OB 경계선을 훌쩍 넘어가 절벽 밑으로 떨어져 버렸다. 이럴 때 어디서 샷을 해야 하는가? 또 페널티는?

1페널티	티잉구역 내 어디든 가능

티샷한 볼이 OB가 된 경우 플레이어는 반드시 1페널티를 추가하고 직전 스트로크를 한 곳(티잉구역 내 어디든 가능)에서 다시 볼을 스트로크하지 않으면 안된다. 이때 다시 티업하고 볼을 칠 수 있다.

※「스트로크와 거리 구제」 참조.

 71 **티샷 한 볼이 일반구역에서 분실되었다**

티 샷한 볼이 페어웨이 러프로 갔는데 볼을 찾기 시작하여 3분 이내에 발견할 수 없었다. 어떻게 해야 하는가?

1페널티	티잉구역으로 돌아가 볼을 쳐야 함

볼이 분실되거나 아웃오브바운즈로 간 경우, 플레이어는 반드시 1페널티를 추가하고 직전의 스트로크를 한 곳에서 원래의 볼이나 다른 볼을 플레이함으로써 '스트로크와 거리 구제'를 받아야 한다. 이때 티잉구역 안에 어디든지 볼을 티업할 수 있다.

티샷 한 볼이 멈춰 있는 볼을 움직였다

티샷한 볼이 퍼팅그린, 페어웨이에 멈춰 있던 정지해 있던 다른 플레이어 볼에 맞고 벙커 안으로 들어갔다. 어디에서 다음 샷을 해야 하는가?

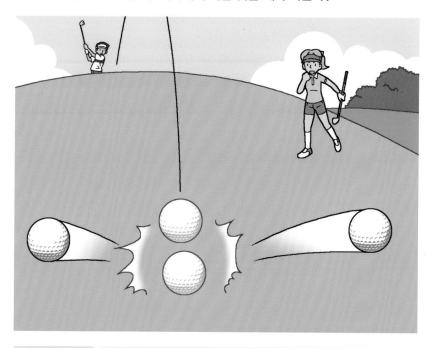

페널티 없음   **어떤 플레이에게도 페널티가 없음**

퍼팅그린 이외의 곳에서 플레이한 플레이어의 움직이는 볼이 우연히 사람(플레이어 자신 포함) 또는 외부의 영향(장비 포함)을 맞힌 경우, 원칙적으로 그 볼은 반드시 놓인 그대로 플레이해야 한다.

플레이어의 볼은 놓여 있는 그대로(벙커), 다른 플레이어의 볼은 원래의 위치에 리플레이스한다.

73 **프로비저널볼이란?**

'프로비저널볼(Provisional Ball)'이란 플레이어가 방금 플레이한 볼이 다음과 같이 된 경우에 플레이하는 다른 볼을 말한다.

— 아웃오브바운즈에 있을 수도 있는 경우.

— 페널티구역 밖에서 분실되었을 수도 있는 경우.

— 시간을 절약하기 위해, 플레이어가 '스트로크와 거리의 페널티'를 받고 잠정적으로 플레이하는 볼.

▶ **프로비저널볼을 플레이할 수 있는 경우**

— 원래의 볼이 발견되거나 확인되지는 않았지만 아직 분실된 상태는 아닌 경우.

— 볼이 페널티구역에서 분실되었을 수도 있지만, 코스 어딘가에서 분실되었을 수도 있는 경우.

— 볼이 페널티구역에서 분실되었을 수도 있지만, 아웃오브바운즈에 있을 수도 있는 경우.

▶ **프로비저널볼을 플레이할 수 없는 경우**

— 원래의 볼이 분실되었을 수도 있는 유일한 장소가 페널티구역뿐이라는 것을 인지한 경우는 프로비저널볼을 허용하지 않음.

프로비저널볼이 페널티구역 밖에서 분실되었을 수도 있고 아웃오브바운즈로 갔을 수도 있는 경우, 플레이어는 다른 프로비저널볼을 플레이할 수 있다. 두 번째 프로비저널볼과 첫 번째 프로비저널볼에 대한 관계는 첫 번째 프로비저널볼이 원래의 볼에 대한 관계와 같다.

74 프로비저널볼을 플레이 할 때 플레이어가 반드시 선언해야 하는 용어

▶ 플레이어는 프로비저널볼에 스트로크하기 전에, 반드시 누군가에게 프로비저널볼을 플레이하겠다는 선언을 해야 한다.

▶ 반드시 '프로비저널볼'이라는 용어를 사용해야 한다. 또는 「규칙 18.3」에 따라 잠정적으로 볼을 플레이한다는 의사를 다른 방법으로 명백하게 나타내야 한다.

▶ 누군가에게 선언하지 않고 직전 스트로크한 곳에서 볼을 플레이한 경우, 그 볼은 스트로크와 거리의 페널티를 받은 플레이어의 인플레이 상태의 볼이다.

▶ 플레이어가 단지 "볼을 하나 더 치겠습니다" 또는 "다시 볼을 플레이하겠습니다"라고 말하는 것만으로는 명백한 의사 표시가 되지 않는다.

명백한 의사 표현

① '프로비저널볼'을 치겠습니다.
② 만약의 경우를 생각해서 볼을 하나 더 플레이하겠습니다.
③ 「규칙18.3」에 따라 볼을 플레이하겠습니다.

티잉구역에서 프로비저널볼을 플레이할 때 순서

3인 1조로 플레이하는 조에서 두 번째로 티샷을 한 플레이어가 프로비저널볼을 치기로 했다. 이 경우 프로비저널볼을 플레이하는 순서는?

티잉구역에서 플레이어는 그 조의 모든 플레이어가 그 홀의 티잉구역에서 자신들의 첫 번째 스트로크를 한 후에 프로비저널볼을 플레이해야 한다. 즉 세 번째 플레이어가 티샷을 한 후에 프로비저널볼을 플레이한다.

만약 1명 이상의 플레이어가 티잉구역에서 프로비저널볼을 플레이해야 할 경우 최초의 플레이 순서대로 한다.

프로비저널볼을 잘못된 순서대로 플레이해도 페널티는 없다. 단, 매치플레이에서는 페널티는 없지만 상대방의 스트로크를 취소시킬 수 있다.

볼이 페널티구역 방향으로 갔다

티샷한 볼이 러프가 있는 페널티구역 방향으로 갔는데 페널티구역 안에 들어갔는지 확인이 안 될 경우 프로비저널볼을 플레이하면 페널티를 받는가?

페널티 없음　프로비저널볼을 칠 수 있음

원래의 볼이 페널티구역에 있을 수도 있지만 페널티구역 밖에서 분실될 수도 있는 경우는 프로비저널볼을 칠 수 있다.

이 경우, 원구가 페널티구역 안에 들어간 것이 확인되면 프로비저널볼을 반드시 포기해야 한다. 그러나 볼이 페널티구역 안에 들어간 것이 확인되거나 원래의 볼이 분실되었을 수도 있는 유일한 장소가 페널티구역뿐이라는 것을 플레이어가 인지한 경우에는 프로비저널볼이 허용되지 않는다.

Q77 프로비저널볼을 여러 번 쳤다

볼을 칠 때마다 OB(깊은 러프) 방향으로 날아가 프로비저널볼을 3개나 쳤다. 페널티가 있는가?

페널티 없음   프로비저널볼을 여러 개 플레이할 수 있음

단, 프로비저널볼이라는 말을 선언해야 함. 프로비저널볼이 페널티구역 밖에서 분실될 염려가 있거나 OB로 갔을 수도 있는 경우, 플레이어는 또 다른 프로비저널볼을 플레이할 수 있다. ※플레이어가 여러 개의 잠정구를 플레이하는 경우, 자신이 플레이할 볼에 식별 표시를 하여 볼이 발견되면 그 볼이 몇 번째 프로비저널볼인지 구별되도록 해야 한다.

두 번째 프로비저널볼과 첫 번째 프로비저널볼에 대한 관계는 첫 번째 프로비저널볼이 원래의 볼에 대한 관계와 같다.

프로비저널볼을 선언하지 않고 다른 볼을 쳐 버렸다

볼이 OB 방향으로 날아가 위험하다고 판단하고 프로비저널볼을 쳤는데, 의사 표시(프로비저널볼)를 하지 않고 스트로크했다.

1페널티	원구를 포기하고 의사 표시를 하지 않은 그 볼로 경기를 진행한다

플레이어가 프로비저널볼을 플레이 할 의도가 있었다 하더라도 이와 같이 프로비저널볼이라는 선언을 하지 않고 직전의 스트로크를 한 곳에서 볼을 플레이한 경우, 그 볼은 스트로크와 거리의 페널티를 받고 플레이한 인플레 볼이 된다.

 프로비저널볼 플레이 후 원구를 발견했는데 원구를 치기가 어렵다

프로비저널볼 플레이를 하고 나서 원래의 볼을 발견했다. 하지만 원구로는 탈출이 어려워 프로비저널볼로 플레이하고 싶은데 가능한가?

불가능	원구로 반드시 플레이해야 함

원구가 분실되지 않았으므로 프로비저널볼을 포기하고 원래의 볼로 플레이해야 한다. 만약 프로비저널볼로 플레이하면 잘못된 볼을 플레이하는 것이 되며, 2페널티를 받게 된다.

80 원래 볼과 프로비저널볼을 구별할 수 없다

OB 우려가 있어 프로비저널볼을 쳤는데, 같은 방향으로 날아갔다. 가서 확인해 보니 2개의 볼(같은 상표, 같은 번호)이 인 바운드에 있다. 어떻게 해야 하는가?

1페널티	볼 한 개를 임의로 골라 프로비저널볼로 플레이한다

1페널티를 받고 볼 한 개를 임의로 골라 프로비저널볼로 플레이한다. 다른 볼은 포기해야 한다.

만일 프로비저널볼과 원래의 볼이 같은 방향으로 날아가 하나의 볼만 발견되면 발견된 볼을 프로비저널볼로 취급한다. 즉 이 볼이 인플레이볼이다.

플레이어는 자신이 플레이할 볼에 식별 표시를 해 두어야 한다.

프로비저널볼은 언제 인플레이볼이 되는가?

프로비저널볼이 인플레이볼이 되는 경우

① 원래의 볼이 페널티구역 외의 지역에서 분실되었거나 OB에 있는 경우.

② 원래의 볼이 있을 것이라고 생각되는 장소보다 홀에 더 가까운 곳에서 프로비저널볼을 플레이한 경우.

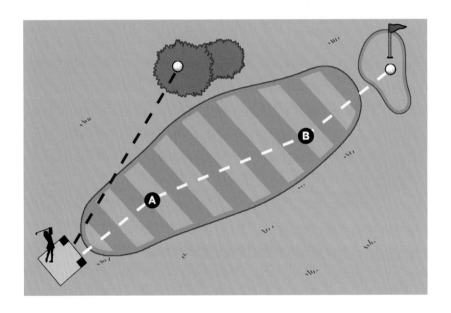

A 지점에서 플레이한 볼은 프로비저널볼임.

B 지점에서 프로비저널볼을 플레이하면 그 볼이 인플레이볼이 됨. 원래의 볼은 분실된 볼임.

82 프로비저널볼이 원래의 볼이 있을 것으로 추정되는 지점과 같은 위치에 있다

프로비저널볼을 원래의 볼이 있을 것으로 추정되는 지점과 같은 위치에 있을 때 그 볼을 스트로크하면 그 볼이 인플레이볼이 되는가?

페널티 없음 **인플레이볼이 아님**

인플레이볼이 아니다. 홀로부터 원래의 볼이 있을 것으로 추정되는 지점과 같거나 더 먼 지점에서 프로비저널볼을 플레이한 경우 플레이어는 그 볼을 프로비저널볼로서 플레이할 수 있다.

프로비저널볼을 여러 번 플레이했더라도 위와 같은 지점에 플레이한 경우, 그 볼은 여전히 프로비저널볼이다.

83 프로비저널볼을 반드시 포기해야 하는 경우

플레이어는 다음과 같은 경우, 반드시 프로비저널볼을 포기해야 한다.

— 원래의 볼이 3분 안에 페널티구역 이외의 코스 위에서 발견된 경우.

— 원래의 볼이 페널티구역에서 발견되거나 또는 페널티구역에 있다는 것을 알고 있거나 사실상 확실한 경우.

어떤 경우든 프로비저널볼을 더 이상 스트로크해서는 안 된다.

Q84 원구를 찾지 못해 직전의 스트로크 지점으로 돌아가 프로비저널볼을 쳤는데, 3분 안에 원구를 찾았다

볼을 1분 동안 찾다가 프로비저널볼을 치기 위해 직전의 스트로크를 한 곳으로 돌아가서 다른 볼을 드롭하고 스트로크했다. 그때 볼을 찾던 사람들이 원구를 발견했다(3분 이내). 이 경우 프로비저널볼로 플레이해야 하는가, 원구로 플레이해야 하는가?

페널티 없음 **원구로 플레이해야 함**

원구를 찾다가 종전에 쳤던 지점으로 가서 프로비저널볼을 칠 수 있다. 3분 이내에 원구를 발견하면 프로비저널볼을 포기하고 원구를 플레이해야 한다.

PART

3

일반구역

볼을 올바르게 찾는 방법 및 볼 확인 방법?

플레이어는 다음과 같은 합리적인 행동으로 올바르게 그 볼을 찾을 수 있다.

▶ 볼을 찾는 데 허용되는 시간 3분.
▶ 볼을 찾다가 우연히 그 볼을 움직인 경우 : 페널티 없음. 움직인 볼은 반드시
   리플레이스한다. 모래를 건드리거나 물을 휘저을 수 있다. 풀, 덤불, 나뭇가
   지 등을 움직이거나 구부리거나 할 수 있다.
▶ 볼을 확인하기 위해 집어 올리는 경우
— 반드시 볼의 지점을 먼저 마크해야 함.
— 볼을 닦아서는 안 됨.
— 다른 플레이어에게 볼을 확인한다는 고지의무 없음.
▶ 플레이어는 자신이 플레이할 볼에 식별 표시를 해 두어야 한다.

플레이어의 캐디가 볼을 찾다가 실수로 볼을 움직였다

플레이어의 캐디가 러프에서 볼을 찾다가 실수로 플레이어 볼을 밟아 볼이 땅에 박혀 버렸다. 페널티와 처리 방법은?

페널티 없음　볼을 리플레이스한다

▶ 플레이어나 상대방 또는 다른 사람이 플레이어의 볼을 발견하거나 확인하 는 과정에서 그 볼을 우연히 움직이는 경우 : 페널티 없음. 볼을 리플레이스 해야 한다.

▶ 이 경우는 리플레이스할 원래의 라이가 변경되었다(볼을 밟아 볼이 땅에 박 혀 버렸다). 리플레이스할 볼의 라이가 변경된 경우의 처리 방법은?
— 원래의 지점(그 지점을 모르는 경우 추정함)으로부터 한 클럽 이내의 구역 으로
— 홀에 더 가깝지 않아야 하며,
— 원래의 라이와 가장 비슷하고 가장 가까운 지점에,
— 원래의 지점과 동일한 코스의 구역에 있는 지점에 볼을 리플레이스해야 한 다. 리플레이스하지 않고 스트로크하면 2페널티.

87 플레이어의 볼을 찾아 주려다가 다른 플레이어가 볼을 움직였다

같이 경기하는 플레이어의 볼이 숲으로 들어가 함께 볼을 찾아 주려다가 볼을 움직였다. 페널티는 누가 받는가?

페널티 없음 　플레이어, 다른 플레이어 모두 페널티가 없다

움직인 볼은 반드시 리플레이스해야 한다. 볼을 찾을 때 누가 볼을 움직여도 어느 누구에게도 페널티가 없다.

리플레이스는 플레이어나 볼을 움직인 다른 플레이어가 한다.

88 페어웨이에서 흙이 묻어 있는 볼이 내 것인지 확인하고 싶다

페어웨이에서 볼을 발견했는데 흙이 많이 묻어 있어서 누구 것인지 알기 어렵다. 내 것인지 확인하고 싶다면 어떻게 확인하는가?

그 볼이 놓인 그대로는 확인할 수 없는 경우, 플레이어는 확인을 위해 볼을 돌려 보거나 집어 올릴 수 있다.

— 먼저 볼의 위치를 마크한 후 볼을 집어 올린다.

— 확인에 필요한 만큼만 볼을 닦을 수 있다.

— 확인 후 볼은 반드시 리플레이스해야 한다.

— 그 지점을 마크하지 않았거나 그 볼을 닦으면 플레이어는 1페널티, 그 지점에 리플레이스하지 않으면 2페널티를 받는다.

내 볼인지 확인하는 과정에서 우연히 볼을 움직였다

러프에서 볼을 발견했는데 자신의 볼인지 아닌지 확인하기 위해 풀밭에서 발을 앞뒤로 쓸듯이 하는 동작으로 볼을 움직였다. 페널티는?

페널티 없음 움직인 볼을 리플레이스한다

플레이어나 상대방 또는 다른 사람이 플레이어의 볼을 발견하거나 확인하는 과정에서 그 볼을 우연히 움직이는 경우, 페널티는 없다.
— '우연히'라는 말은 볼을 찾기 위한 합리적인 행동(예 : 풀 길이가 긴 풀밭을 발로 쓸어 보거나 나무를 흔들어 보는 행동).
— 움직인 볼은 반드시 원래의 지점에 리플레이스되어야 한다(그 지점을 알 수 없는 경우에는 반드시 추정해야 한다).

 낙엽 속 볼을 확인하기 위해 볼을 집어 올린 뒤 그 자리의 낙엽을 제거했다

볼이 낙엽 속에 있어 나의 볼인지 확인하기 위해 볼을 마크하고 집어 올리고 확인한 후 리플레이스하기 전에 볼 밑에 있는 낙엽을 제거했다. 페널티가 있는가?

1페널티 집어 올린 볼을 리플레이스한다

집어 올린 볼을 리플레이스하기 전에, 그 볼이 정지한 상태에서 루스임페디먼트를 제거하다가 그 볼을 움직이게 할 가능성이 있는 경우 루스임페디먼트를 고의로 제거해서는 안 된다.
제거한 루스임페디먼트를 제자리에 다시 가져다 놓을 필요가 없다.

91 나무 위에 있는 볼이 내 것인지 확인하고 싶다

나무 위에 있는 볼을 발견, 내 것인지 확인하기 위해 나무를 흔들어 그 볼을 떨어지게 했다. (나무에 올라가다가 볼을 떨어뜨렸다.) 페널티가 있는가?

페널티 없음   **언플레이어블볼 규칙에 따라 구제를 받는다**

움직인 볼을 리플레이스할 수 없기 때문에 언플레이어블볼 규칙에 따라 구제를 받는다.

볼을 확인하기 위한 합리적인 행동을 하는 과정에서 우연히 볼을 움직인 것이기 때문에 페널티가 없다. 그러나 나무 위의 볼을 스트로크하기 위해 접근하다가 움직이면 1페널티가 부과됨. 내 볼을 확인할 수 있으나 플레이할 수 없는 경우에는 언플레이어블볼 규칙에 따라 처리한다.

 92 볼 찾는 시간이 경과한 후 발견된 볼을 스트로크했다

낙엽 쌓인 잡목림에서 겨우 볼을 찾았는데 찾기 시작한 시점에서 3분 10초가 지났다. 찾은 볼로 플레이하면 페널티는?

2페널티   **직전의 스트로크를 한 곳으로 되돌아가 플레이한다**

볼을 찾기 시작하여 3분이 지나면, 그 볼은 분실구가 되고 직전의 스트로크를 한 곳으로 되돌아가 1페널티를 받고 다시 쳐야 한다. 만약 3분 이상 찾은 볼로 플레이하면 잘못된 볼을 플레이한 것이다. 잘못된 볼을 스트로크하면 2페널티가 부여된다. 이를 그 홀에서 정정하지 않고 다음 홀에서 티샷을 하면 경기 실격이 된다.

※ 만약 3분의 찾기 시간 종료 즈음에 볼을 발견하였으나 플레이어가 발견된 위치에 있지 않을 경우, 볼 확인을 위한 합리적인 시간(1분 이내)이 주어진다.

볼이 페어웨이 중앙으로 갔는데 찾을 수가 없다

페어웨이 한가운데 떨어졌다고 생각한 볼이 막상 가서 찾아보니 어디에도 없다.
어떻게 처리해야 하는가?

1페널티 **직전에 쳤던 곳으로 돌아가 플레이한다**

3분 안에 볼을 찾지 못하거나 자기의 볼인지 확인되지 않으면 그 볼은 분실구
가 되며, 1페널티를 받고 그 볼을 직전에 쳤던 곳으로 돌아가서 다시 쳐야 한
다. 그 위치가 티잉구역 이면어디든지 티업이 가능하고, 일반구역, 벙커 또는
페널티구역인 경우는 그 볼을 직전에 친 지점과 가장 가까운 곳에 볼을 드롭하
고 플레이한다.

Q94 다른 볼을 드롭한 뒤에 원래의 볼을 발견했다

수풀 속에 있는 볼을 찾다 포기하고 다른 볼을 드롭했다. 플레이 직전 찾던 볼을 3분 안에 발견했다. 원래 볼을 플레이할 수 있는가?

1페널티	드롭한 볼로 경기를 진행한다

플레이어가 원래의 볼이나 다른 볼을 인플레이 상태가 되도록 하려는 의도를 가지고 그 볼을 코스 위에 리플레이스하거나 드롭하거나 플레이스하는 경우 원래의 볼로 플레이할 수 없다.

3분 안에 그 볼을 발견하더라도 그 볼을 스트로크하면 2페널티를 받는다.

OB가 된 볼을 모르고 플레이했다

티샷을 하고 페어웨이에서 자신의 볼을 발견하고 스트로크했는데, 다른 플레이어가 그 볼이 OB의 볼이라고 했다. 경기위원을 불러 재정을 받아 보니 그 볼이 있던 곳은 OB였다. 이런 경우 어떻게 처리해야 하는가?

3페널티	OB 1 + 잘못된 볼 플레이 2

티잉구역으로 돌아가 티잉구역 안에서 플레이해야 한다.

OB에 있는 볼은 이미 인플레이볼이 아니므로, 플레이어는 잘못된 볼을 플레이한 것에 대해 2페널티를 받는다.

볼은 OB이므로 1페널티를 부과하고 티잉구역에서 5타째로 플레이해야 한다. 잘못된 볼을 친 타수는 계산하지 않는다.

정지한 볼이 움직인 경우 그 볼을 움직인 원인 4가지

정지한 볼을 움직이게 할 수 있는 원인으로 규정하는 것은 다음의 4가지이다.

① 자연의 힘 : 바람, 물, 중력의 영향.

② 플레이어의 행동과 그의 캐디의 행동.

③ 매치플레이에서, 상대방의 행동과 상대방의 캐디의 행동.

④ 스트로크플레이에서, 다른 모든 플레이어를 포함한 외부의 영향.

플레이어나, 상대방 또는 외부의 영향이 플레이어의 정지한 볼을 움직이게 한 것을 알고 있거나 사실상 확실한 경우에만 그 볼을 움직이게 한 원인으로 간주된다. 이 세 가지 중 적어도 하나가 그 원인이었다는 것을 알고 있거나 사실상 확실하지 않는 경우, 그 볼은 자연의 힘에 의하여 움직인 것으로 간주된다.

볼이 흔들렸는지 혹은 움직였는지 구분이 안 된다

스탠스를 취하려고 할 때 볼이 살짝 흔들린 것 같았으나(기우뚱거림) 눈으로 분간이 안 될 때 어떻게 처리해야 할까?

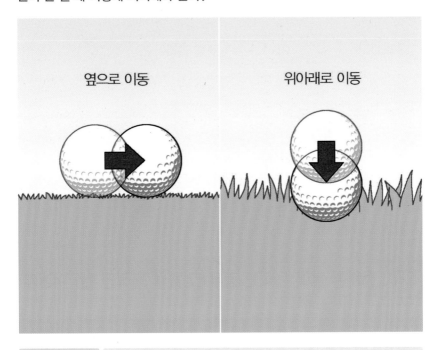

페널티 없음   **볼이 정지한 그대로 플레이한다**

정지한 볼이 기우뚱거리기만 하다가(제자리에서 흔들리기만 하다가) 도로 원래의 지점에 정지한 경우, 그 볼은 움직인 볼이 아니다.

—움직인 볼 : 수평 이동 및 위아래 이동.

—움직인 볼이 아닌 경우 : 볼의 흔들림, 이동했다가 제자리로 되돌아온 볼.

자연의 힘(바람·물·중력)에 의해 볼이 움직였다

바람 부는 날에 스탠스를 취한 뒤 볼이 움직였는데, 플레이어는 볼을 움직일 만한 행위를 전혀 하지 않았다. 페널티가 있는가?

페널티 없음　　볼을 새로운 위치에서 플레이해야 한다

플레이어나 상대방 또는 외부의 영향이 플레이어의 정지한 볼을 움직이게 한 것을 알고 있거나 사실상 확실한 경우에만 그 볼을 움직이게 한 원인으로 간주된다. 이 3가지 중 적어도 하나가 그 원인이었다는 것을 알고 있거나 사실상 확실하지 않는 경우, 그 볼은 자연의 힘에 의하여 움직인 것으로 간주된다.

※예외 1 : 퍼팅그린에 있는 볼을 집어 올렸다가 리플레이스한 후 그 볼이 움직인 경우, 그 볼은 반드시 리플레이스해야 한다.

※예외 2 : 드롭하거나 플레이스하거나 리플레이스한 후 정지한 볼이 코스의 다른 구역이나 OB로 움직이는 경우, 그 볼은 반드시 리플레이스해야 한다.

볼을 치려는 순간 볼이 움직였는데 그대로 쳤다

백스윙을 시작한 후 볼을 치려는 순간 볼이 움직였지만 그대로 쳤다. 이때 페널티를 받아야 하는가?

페널티 없음 　그대로 경기를 진행한다

백스윙을 시작한 뒤 플레이어의 정지한 볼이 움직이기 시작했는데 그대로 스트로크한 경우, 그 볼을 움직이게 한 원인이 무엇이든 그 볼을 리플레이스해서는 안 된다. 그 대신 플레이어는 반드시 그 스트로크 후 그 볼이 정지한 곳에서 플레이해야 한다.

만약 그 볼을 플레이어가 움직인 경우는 1페널티를 받는다.

 페어웨이에서 연습 스윙을 하다가 볼을 움직였다

페어웨이에서 연습 스윙을 했는데 그만 클럽 헤드가 볼에 닿아 볼이 움직이고 말았다. 페널티를 받는가?

1페널티 　볼 리플레이스

플레이어가 자신의 정지한 볼을 집어 올리거나 움직이게 하는 경우, 1페널티를 받고 그 볼은 반드시 원래의 지점에 리플레이스해야 한다.(그 지점을 알 수 없는 경우에는 반드시 추정해야 한다.)

리플레이스하지 않고 그대로 치면 2페널티가 된다.

101 플레이어가 페어웨이에 있는 볼을 무심코 차 버렸다

페어웨이에 있던 볼을 플레이어(그의 캐디)가 부주의로 차 버리고 말았다. 이 경우 페널티를 받는가?

1페널티   볼 리플레이스

플레이어가 자신의 정지한 볼을 집어 올리거나 움직이게 하는 경우, 1페널티를 받고 그 볼은 반드시 원래의 지점에 리플레이스해야 한다. (그 지점을 알 수 없는 경우에는 반드시 추정해야 한다.)

리플레이스하지 않고 그대로 치면 2페널티가 된다.

102 플레이어의 움직이고 있는 볼이 우연히 플레이어의 클럽에 걸려 멈추었는데, 클럽을 치우자 볼이 움직였다

플레이어의 움직이고 있는 볼이 언덕 아래로 도로 굴러 내려오다가 우연히 플레이어의 클럽에 걸려 멈추었는데, 그 클럽을 치우자 그 볼이 움직였다. 이럴 때 페널티는? 또 공은 어디서 플레이해야 하는가?

페널티 없음　그 볼을 리플레이스해야 한다

움직이고 있는 볼이 플레이어 자신이나 플레이어의 장비에 의해 우연히 정지된 경우에도 페널티가 없다.

만약 그 클럽을 움직인 결과로 볼이 움직이면 페널티 없이 그 볼을 리플레이스해야 한다.

103 볼 근처 루스임페디먼트를 치웠더니 볼이 움직였다

페어웨이의 볼 근처에 떨어져 있는 낙엽을 제거했더니 볼이 움직였다.

1페널티　　**볼 리플레이스**

플레이어가 루스임페디먼트를 제거하는 과정에서 볼을 움직인 경우 1페널티를 받고 그 볼은 리플레이스해야 한다. 플레이어는 페널티 없이, 코스 안팎 어디에서나 루스임페디먼트를 제거할 수 있다.

※예 : 손발, 클럽 또는 다른 장비를 사용하거나 다른 사람의 도움을 받는다. 또는 루스임페디먼트의 일부를 부러뜨린다. 단, 그 볼 가까이 있는 루스임페디먼트를 움직이면 그 볼을 움직이게 할 가능성이 있는 경우에, 플레이어는 고의로 그 루스임페디먼트를 제거해서는 안 된다.

홀 플레이 중 다른 플레이어의 볼과 구별하기 위해 볼을 집어 올려 교체했다

다른 플레이어가 나와 같은 브랜드의 볼을 사용하고 있다. 누구 볼인지 쉽게 구분하기 위해 내 볼을 집어 올려 다른 볼로 교체한 뒤 플레이했다. 페널티는?

1페널티	교체한 볼로 플레이

플레이어는 허용되지 않을 때 원래의 볼 대신 다른 볼로 교체한 경우 볼을 잘못 교체한 것에 대하여 1페널티를 받지만, 근거 없이 '볼을 집어 올린 데 대한 페널티(1페널티)'는 추가로 받지 않는다.

▶ 볼 교체가 가능한 경우
— 구제를 받는 경우, 볼을 드롭하거나 ,플레이스하는 경우(예 : 볼이 구제구역에 정지하지 않는 경우 또는 퍼팅그린에서 구제를 받는 경우).
— 직전의 스트로크를 한 곳에서 다시 플레이하는 경우.

▶ 볼 교체가 불가능한 경우
어떤 지점에 볼을 리플레이스하는 경우. 다만 몇 가지 예외는 있다.

플레이어의 움직이고 있는 볼이 우연히 사람을 맞혔다

플레이어의 움직이고 있는 볼이 우연히 사람(플레이어 자신, 캐디나 외부의 영향, 카트 등)을 맞힌 경우 페널티가 있는가?

페널티 없음 **어떤 플레이어에게도 페널티는 없다**

그 볼이 플레이어, 상대방, 다른 플레이어, 다른 플레이어들의 캐디 또는 장비를 맞힌 경우에도 페널티는 없다.

움직이는 볼이 우연히 사람(플레이어 자신 포함) 또는 외부의 영향(장비 포함)을 맞힌 경우, 원칙적으로 그 볼은 반드시 놓인 그대로 플레이해야 한다.

※예외 : 스트로크플레이에서 플레이어가 퍼팅그린에서 스트로크한 뒤 움직이는 볼이 그 퍼팅그린에 정지해 있던 다른 플레이어의 볼을 맞힌 경우, 플레이어는 일반페널티(2페널티)를 받는다.

106 **볼을 한번 스트로크했는데 우연히 클럽에 두 번 맞았다**

볼을 한 번 스트로크했는데 우연히 그 볼이 클럽에 두 번 맞았다면 페널티를 받는가?

페널티 없음	스트로크 1타만 계산한다

플레이어의 클럽이 우연히 볼을 두 번 이상 맞히더라도, 단 한 번의 스트로크만으로 그렇게 된 경우에는 페널티가 없다.

 107 **퍼팅그린 외의 곳에서 플레이한 볼이 우연히 사람이나 동물, 작업 차량 위에 정지했다**

플레이어의 움직이고 있는 볼이 우연히 사람이나 동물, 움직이는 외부의 영향(작업 차량) 위에 정지한 경우, 볼을 플레이할 장소는 어디인가?

플레이어는 반드시 구제구역에 원래의 볼이나 다른 볼을 드롭해야 한다.

구제구역

— 기준점 : 그 볼이 최초로 그 사람, 동물, 움직이고 있는 외부의 영향(작업 차량) 위에 정지한 지점의 바로 아래로 추정되는 지점.

— 구제구역 : 기준점에서 한 클럽 길이 이내의 구역.

— 기준점과 동일한 코스의 구역이어야 하며,

— 홀에 더 가깝지 않아야 한다.

Q108 동물이 플레이어의 정지한 볼을 움직였다

페어웨이에 있던 볼을 까마귀(동물)가 물어가 버렸다. 이럴 땐 어떻게 처리해야 하는가?

페널티 없음 | 볼 리플레이스

인플레이볼을 까마귀나 개, 고양이 등의 동물이 움직인 경우는 외부 영향으로 볼이 움직인 것으로 취급한다. 볼이 바로 회수되지 않을 때는 다른 볼로 교체할 수 있다.

— 페널티는 없으며,

— 그 볼은 반드시 원래의 지점에 리플레이스해야 한다. (그 지점을 알 수 없는 경우에는 반드시 추정해야 한다.) 이는 플레이어의 볼이 발견되었는지 여부와 관계없이 적용된다.

109 플레이어의 움직이고 있는 볼이 고의로 방향이 바뀌었다

플레이어가 스트로크한 볼이 노란 페널티 지역으로 굴러가자 캐디가 의도적으로 발로 막았다. 페널티와 플레이할 장소는?

2페널티	볼이 정지했을 것으로 추정되는 지점에서 구제를 받는다

플레이어의 움직이고 있는 볼을 플레이어(캐디)가 고의로 볼의 움직임에 영향을 미치는 행위를 하면 그 플레이어는 일반페널티를 받는다.

그 볼이 플레이 자신의 볼이든, 상대방의 볼이든, 스트로크플레이의 다른 플레이어가 플레이한 볼이든, 플레이어는 일반페널티를 받는다.

플레이어는 반드시 다음과 같이 구제를 받아야 한다. 캐디가 발로 그 볼을 멈추게 하지 않았더라면 그 볼이 정지했을 것으로 추정되는 지점(기준점). 이 경우 추정되는 지점은 페널티구역이 될 것이다. 페널티 구제를 추가로 받는다.

110 집어 올린 볼을 닦고 싶다

집어 올린 볼을 닦고 싶다. 가능한가?

가능,불가능 닦을 수 있거나 없다

볼을 닦는 것이 허용되지 않을 때 자신의 볼을 닦을 경우, 플레이어는 1페널티를 받는다. 그 볼은 반드시 리플레이스해야 한다.

▶집어 올린 볼을 닦을 수 있는 경우
— 퍼팅그린에서 집어올린 볼은 언제든지 닦을 수 있다.
— 퍼팅그린 외의 곳에서도 집어 올린 볼은 대부분 닦을 수 있다.

▶집어 올린 볼을 닦을 수 없는 경우 4가지
① 볼이 갈라졌는지 혹은 금이 갔는지 확인을 위해 집어 올린 볼
② 자신의 볼인지 확인하기 위해 집어 올린 경우 : 그 볼을 확인하는 데 필요한 정도만 닦는 것이 허용된다.
③ 플레이에 방해가 되어서 집어 올린 경우.
④ 구제가 허용되는지 여부를 판단하기 집어 올린 볼.

페어웨이에서 볼 뒤 울퉁불퉁한 지면을 발로 밟았다

페어웨이에서 볼의 뒤에 지면이 울퉁불퉁해서 발로 밟아 편평하게 했다. 이런 경우 페널티를 받는가?

2페널티　　스트로크에 영향을 미치는 상태를 개선한 행위임

스트로크에 영향을 미치는 상태를 개선하는 행위 금지

① 다음과 같은 물체를 움직이거나 구부리거나 부러뜨려서는 안 된다.

— 자라거나 붙어 있는 자연물.

— 움직일 수 없는 장애물·코스와 분리할 수 없는 물체·코스의 경계물.

— 플레이 중인 티잉구역의 티 마커.

— 디봇을 제자리에 도로 가져다 놓거나

— 이미 제자리에 메워진 디봇이나 뗏장을 제거하거나 누르거나,

— 지면의 구멍이나 자국 또는 울퉁불퉁한 부분을 없애거나, 기존에는 없던 그런 것들을 생기게 해서는 안 된다.

② 스탠스를 만들거나 플레이 선을 개선할 목적으로 루스임페디먼트나 움직일 수 있는 장해물을 가져다 놓아서는 안 된다.

③ 지면의 상태를 변경해서는 안 된다.

— 모래나 흩어진 흙을 제거하거나 눌러서는 안 된다.

— 이슬 · 서리 · 물을 제거해서는 안 된다. 위반 시 일반페널티.

볼 뒤쪽의 작은 돌멩이를 빼내고 볼을 쳤다

볼의 바로 뒤쪽에 박혀 있는 작은 돌멩이가 클럽으로 스트로크하면 손목 부상이 염려되어 돌을 빼고 쳤다.

2페널티	스트로크에 영향을 미치는 상태를 개선한 행위임

플레이어는 앞에서 언급한, '스트로크에 영향을 미치는 상태(지면의 상태를 개선한 행위)를 개선'하는 행동을 해서는 안 된다.

박힌 돌은 루스임페디먼트에 해당되지 않는다.

볼 뒤쪽에 디봇 자국이 있어 클럽으로 메웠다

볼 바로 뒤에 디봇 흔적이 깊어서 볼을 칠 대 방해 될까 봐 클럽으로 꾹꾹 눌러 메웠다. 페널티를 받는가?

2페널티	스트로크에 영향을 미치는 상태를 개선한 행위임

볼 가까이에 있는 디봇을 제자리에 도로 가져다 놓거나 제자리에 메워진 디봇이나 뗏장을 제거하거나 누르거나 하는 행위는 스트로크에 영향을 미치는 상태를 개선하는 행위이다. 위반 시 일반 페널티.

114 플레이 선상의 디봇 자국을 메우고 플레이했다

홀까지 남은 120야드의 샷을 플레이할 때 볼 바로 앞쪽에 있는 디봇 자국이 신경 쓰여 디봇 자국을 메우고 플레이했다. 이것은 규칙 위반인가?

2페널티	스트로크에 영향을 미치는 상태를 개선한 행위임

플레이어는 볼 가까이에서 디봇 자국을 메우는 것, 제거하는 것, 울퉁불퉁한 곳을 고르는 행위 등은 할 수 없다.

단, 플레이 선상에 있더라도 플레이에 전혀 영향을 주지 않는 장소를 복원하는 것은 규칙 위반이 되지 않는다.

Q 115 OB 말뚝을 뽑았다가 원위치하고 플레이했다

볼이 OB 말뚝 근처에 멈췄다. 말뚝이 스탠스에 방해가 되어 뽑고 플레이하려다가 실수를 깨닫고 원위치 시키고 플레이했다. 이런 경우 페널티가 있는가?

페널티 없음 규칙 위반에 대한 페널티를 면할 수 있다

스트로크를 하기 전에, 플레이어가 규칙 위반으로 인해 개선되었던 상태를 복원시키기 위해 원래의 물체를 원래의 위치와 가능한 한 가장 가까운 위치로 되돌려놓는 경우, 규칙 위반에 대한 페널티를 면할 수 있다.

▶ 페널티가 없는 경우

— 제거했거나 원래 각도와는 다른 각도로 꽂아 두었던 코스의 경계물(예 : 경계 말뚝)을 제자리에 가져다 놓거나 원래 각도대로 꽂아 둔 경우.

— 움직였던 나뭇가지 · 풀 · 움직일 수 없는 장해물을 원래의 위치에 도로 가

져다 놓은 경우.

▶ 페널티가 있는 경우

— 코스의 경계물이나 나뭇가지가 심하게 구부러지거나 부러져서 원래 위치로 되돌릴 수 없는 경우.

— 그 상태를 복원하기 위해 원래의 물체 자체가 아닌 다른 물체를 사용하는 경우, 코스의 경계물은 그 전체 또는 일부가 움직일 수 있는 것이라도 움직일 수 없는 것으로 간주된다.

Q116 스탠스 장소에 타월을 깔고 플레이했다

볼이 나무 밑에 있어 무릎을 꿇고 샷을 해야 할 상황이었다. 지면이 젖어 있어 타월을 깔고 플레이했다. 이렇게 하면 페널티가 있는가?

2페널티   **타월로 몸을 감싸는 것은 허용된다**

스탠스 자세를 취할 때 두 발을 단단히 고정하거나 지면에 무릎을 꿇는 것은 가능하지만, 타월을 깔고 플레이하는 행동은 스탠스 장소를 만드는 것이므로 허용되지 않는다.

단, 타월로 몸(무릎)을 감싸고 플레이하는 것은 페널티가 없다.

Q117 나무뿌리 옆에 있는 볼을 클럽을 앞으로 끌어당기고 쳤다

나무뿌리 사이에 볼이 떨어져서 스윙을 할 수 없을 것 같아 클럽 헤드로 볼을 앞쪽으로 끌어당겼다. 페널티는?

2페널티	그대로 경기를 진행한다

'플레이어는 볼을 클럽 헤드로 올바르게 쳐야 하며, 밀거나 끌어당기거나 퍼 올려서는 안 된다.'

볼은 클럽 헤드의 어느 부분으로 쳐도 상관없지만, 클럽 헤드 외 의 다른 부분 으로 칠 수는 없다. 예를 들어, 손잡이 끝으로 치는 것은 허용되지 않는다. 위반 시 일반페널티.

어드바이스

▶ **어드바이스(Advice)란?**

홀이나 라운드를 플레이하는 동안 다음과 같은 것들을 결정하는 데 영향을 미칠 의도를 가지고 하는 모든 말이나 행동을 말한다. 예를 들면, 스트로크에 사용한 클럽을 보여 주는 동작이다.

― 클럽 선택.

― 스트로크하는 방법.

― 홀이나 라운드를 플레이하는 방법.

▶ **어드바이스에 포함되지 않는 것**

― 코스 위에 있는 것들의 위치. 예를 들면 홀 · 퍼팅그린 · 페어웨이 · 페널티 구역 · 벙커 · 다른 플레이어의 볼 등이다.

― 한 지점에서 다른 지점까지의 거리.

― 바람의 방향.

― 골프 규칙.

묻지도 않았는데 스윙 자세를 지적 받았다

페어웨이를 걸어가고 있는데 다른 플레이어가 조금 전 나의 미스 샷의 원인(헤드업)에 대해서 어드바이스를 해 준다. 이 경우 누가 페널티를 받는가?

2페널티	어드바이스를 한 플레이어가 2페널티를 받는다

라운드 동안

— 플레이어는 그 코스에서 열리는 경기에서 플레이 중인 누구에게도 어드바이스를 제공해서는 안 되고,

— 자신의 캐디 이외의 누구에게도 어드바이스를 요청해서는 안 되며,

— 다른 플레이어에게 제공하거나 요청할 경우 어드바이스가 될 정보를 알기 위해 그 다른 플레이어의 장비를 만져서는 안 된다(예 : 다른 플레이어가 어떤 클럽을 사용하고 있는지 확인하기 위해 그 플레이어의 클럽이나 골프백을 만지는 경우). 위반 시 일반페널티.

 플레이가 일시 중지되었을 때 어드바이스를 구했다

A가 파3 홀(5번 홀)에서 플레이하려는데 위원회의 지시로 경기가 일시 중지된 상태다. 플레이가 재개되기 전에 A가 이미 그 홀의 플레이를 끝마친 B에게 티 샷으로 어떤 클럽을 사용했는지 물었다. B는 6번 클럽을 사용했다고 답했다. 이 경우 A와 B는 페널티를 받는가?

페널티 없음	어드바이스는 플레이가 중단된 동안에는 허용함

라운드 전이나 플레이가 중단되는 동안 또는 한 경기의 라운드와 라운드 사이에는 이 요건이 적용되지 않는다.

같은 조의 다른 플레이어에게 자세 교정을 받았다

3번 홀을 끝낸 플레이어가 미스 샷이 계속되기에 같은 조의 다른 플레이어에게
미스 샷의 원인을 물어봤고, 4번 홀 티잉구역에서 자세 교정을 받았다면?

2페널티	두 플레이어 모두 페널티를 받는다

4번 홀에 페널티를 부과한다.

플레이어들이 홀과 홀 사이에 있을 때, 플레이어가 어드바이스를 요청하거나
제공하는 경우, 그 플레이어는 다음 홀에서 일반페널티를 받는다.

같은 조의 다른 플레이어의 가방을 살펴보았다

파 3홀에서 같은 조의 다른 플레이어가 티샷을 하는 동안 다른 플레이어가 몇 번 아이언으로 치는지 골프백을 살펴보며 확인했다. 장비는 만지지 않았다. 이러한 행위는 규칙 위반이 되는가?

페널티 없음   **규칙 위반이 아니다**

정보를 얻기 위해 그 플레이어의 장비를 만지지 않고 하는 행위는 규칙 위반이 아니다. 어드바이스가 될 만한 정보를 얻기 위해 그 플레이어의 장비(클럽, 골프백, 타월 등)를 만지지 않으면 규칙 위반이 되지 않는다.

단, 가방에 타월이 덮여 있을 때 타월을 치우고 보는 행위는 어드바이스 위반이 되어 2페널티를 받는다.

 라운드 동안 캐디를 2명 고용할 수 있는가?

▶ 플레이어는 한 번에 한 명의 캐디만 허용된다(캐디 인원 제한).

▶ 플레이어는 라운드 동안 캐디를 바꿀 수도 있다. 그러나 새로운 캐디로부터 어드바이스를 제공받기 위해 일시적으로 캐디를 바꿔서는 안 된다.

— 플레이어와 함께 걷거나 타거나 플레이어를 위해 그 밖의 것들 즉 비옷·우산·먹을 것·마실 것을 가져다주는 사람은, 플레이어가 그 사람을 캐디로 지명하거나 플레이어의 클럽을 운반·이동·취급하지 않는 한, 그 플레이어의 캐디가 아니다.

둘 이상의 플레이어가 한 캐디를 공동으로 고용하면서 정보를 얻었다

A와 B는 파트너가 아니지만 두 사람이 캐디를 공용하고 있는 상황이다. 이 경우 스트로크를 앞둔 A는 조금 전에 가까운 위치에서 스트로크한 B가 어떤 클럽을 사용했는지를 캐디에게 물었다. 페널티가 있는가?

페널티 없음　공용캐디는 알고 있는 모든 정보를 다른 플레이어에게 제공할 수 있다

공용 캐디는 자기가 알고 있는 모든 정보를 다른 플레이어에게 제공할 수 있다. 이 경우 캐디가 A와 B의 공동 캐디이므로 A와 B는 캐디가 알고 있는 어떤 정보도 캐디를 통해서 물어볼 수 있다.

 공동으로 쓰는 캐디의 특정한 행동과 관련하여 규칙에 관한 문제가 생겼다

공동으로 쓰는 캐디는 특정한 행동과 관련하여 규칙에 관한 문제가 생긴 경우 누가 페널티를 받는가?

다음과 같이 판단해야 한다.

▶ 그 캐디의 행동이 그 어느 한 플레이어의 특정한 지시에 따라 이루어진 경우, 그 행동은 그 플레이어를 위한 행동이다.

▶ 그 캐디를 공동으로 쓰는 누구도 그 행동을 특정하여 지시하지 않은 경우, 그 행동은 그 볼과 관련된 플레이어를 위한 행동으로 간주된다.

▶ 그 캐디를 공동으로 쓰는 플레이어들 중 누구도 그 행동을 특정하여 지시하지 않았고 그 플레이어들의 볼 중 어떤 볼도 관련되지 않은 경우, 그 캐디를 공동으로 쓰고 있는 플레이어들 모두가 페널티를 받는다.

Q 126 공동의 캐디가 부주의로 볼을 차 버렸다

캐디를 공용하고 있는데, 캐디가 걸어가가 우연히 다른 플레이어의 볼을 차 버렸다. 이 경우 페널티는 누가 받는가?

1페널티 그 볼을 반드시 리플레이스하여야 한다

그 볼과 관련된 플레이어가 1페널티를 받는다.

그 캐디를 공동으로 쓰는 플레이어들 중 누구도 그 행동을 특정하여 지시하지 않은 경우, 그 행동은 그 볼과 관련된 플레이어를 위한 행동으로 간주된다. 그 볼은 반드시 리플레이스해야 한다.

Q127 라운드 중에 캐디가 플레이어에게 레슨을 했다

플레이어가 드라이브 샷이 문제가 있어 라운드 중에캐디에게 어떻게 치면 좋을 지 물었더니 캐디가 플레이어의 클럽으로 스윙을 해 보였다. 규칙 위반인가?

페널티 없음 | **플레이어는 라운드 동안 캐디에게 어드바이스를 받을 수 있다**

플레이어는 라운드 동안 자신의 클럽을 운반·이동·취급하고 자신에게 어드 바이스를 제공하고 그 밖의 허용된 방식으로 도움을 주는 캐디를 쓸 수 있다. 단, 이러한 어드바이스는 플레이 속도 지침에 유의해야 한다.

Q128 캐디가 할 수 있는 행동(항상 허용)

▶ 플레이어의 클럽과 장비를 운반, 이동 취급하기(카트 운전, 트롤리 끌기 포함).

▶ 플레이어의 볼 찾기.

▶ 플레이어가 스트로크하기 전에 정보나 어드바이스 또는 그 밖의 도움 제공.

▶ 벙커 정리와 코스 보호 행동.

▶ 퍼팅그린에 있는 모래와 흩어진 흙을 제거하고 손상된 부분 수리하기.

▶ 깃대를 제거하거나 잡아 주기.

▶ 퍼팅그린에서 플레이어의 볼 지점을 마크하고 집어 올리기, 리플레이스하기.

▶ 플레이어의 볼 닦기.

▶ 루스임페디먼트와 움직일 수 있는 장해물 제거하기.

▶ 플레이어가 구제를 받을 것이라고 판단하는 것이 합리적인 경우(그런 행동이나 언급이 있는 경우), 플레이어의 볼을 집어 올릴 수 있다.

캐디가 할 수 있는 행동(플레이어의 위임을 받은 경우)

단, 플레이어의 위임은 반드시 매 사항마다 이루어져야 한다.

▶ 플레이어의 볼이 정지한 후 악화된 상태를 복구하기.

▶ 플레이어의 볼이 퍼팅그린 이외의 곳에 있는 경우 규칙에 따라 반드시 그 볼을 리플레이스해야 할 때 또는 플레이어가 규칙에 따라 구제를 받기로 결정했을 때 그 볼을 집어 올리기.

 캐디에게 허용되지 않는 행동

캐디가 플레이어를 위해 다음과 같은 행동을 하는 것은 허용되지 않는다.

▶ 매치플레이 : 스트로크나 홀 또는 매치를 컨시드하거나, 상대방과 매치 스코어에 합의하기.

▶ 캐디 자신이 집어 올리거나 움직이지 않은 볼을 리플레이스하기.

▶ 볼을 드롭, 플레이스하기.

▶ 구제 받을 것인지 결정하기 : 캐디가 플레이어에게 구제를 받을 것을 어드바이스할 수는 있으나, 그 결정은 반드시 플레이어 자신이 해야 한다.

131 ## 캐디가 볼을 마음대로 집어 올렸다

러프에서 볼을 찾고 있었는데 볼을 발견한 초보 캐디가 플레이어 볼인지 확인하기 위해 볼을 마크도 하지 않고 볼을 집어 올렸다 페널티를 받는가?

1페널티	그 볼을 리플레이스해야 한다

볼 확인은 플레이어가 해야 함. 캐디의 행동이 규칙에 위반되는 행동이거나, 플레이어가 했더라도 규칙에 위반되었을 행동인 경우, 플레이어는 그 규칙에 따른 페널티를 받는다. 어떤 볼이 플레이어의 볼일 수도 있지만, 그 볼이 놓인 그대로는 확인할 수 없는 경우,

— 플레이어는 그 볼을 확인하기 위해 돌려 보거나 집어 올릴 수 있다.

— 그러나 그렇게 하기 전에 반드시 그 볼의 지점을 마크해야 하며, 볼을 확인하는 데 필요한 정도 이상으로 그 볼을 닦아서는 안 된다.

집어 올린 볼이 플레이어의 볼이거나 다른 플레이어의 볼인 경우, 그 볼은 반드시 원래의 지점에 리플레이스해야 한다.

벙커샷을 했는데 캐디가 들고 있는 고무래에 볼이 맞았다

벙커샷을 했는데 캐디가 들고 있는 고무래에 볼이 맞아 방향이 바뀌었다. 페널티는?

페널티 없음 **볼은 놓여 있는 그대로 플레이한다**

코스를 보호하는 데 사용되는 물체, 예를 들면 고무래 등은 플레이어나 캐디가 그것을 들고 있거나 운반하고 있는 동안에만 장비로 간주된다.

움직이고 있는 볼이 플레이어 또는 그의 캐디 혹은 그들의 장비에 맞아도 페널티가 없다. 볼은 놓인 그대로의 상태에서 플레이해야 한다.

앞 홀에서 사용한 클럽을 물어보았다

같은 조 다른 플레이어에게 6번홀 플레이 중에 5번홀(파3)의 티샷을 몇 번 클럽으로 쳤는지 물었더니 7번 아이언으로 쳤다고 대답했다. 이런 경우 어드바이스 위반이 되는가?

페널티 없음	두 플레이어 모두 페널티 없음

지나간 홀에서 사용한 클럽을 물어보는 것은 어드바이스 위반이 아니다.

 볼의 방향성을 위해 클럽을 지면에 놓아두고 스탠스를 취했다

볼을 치는데 방향성을 높이기 위해 클럽 또는 다른 물체를 플레이 선에 맞추고 스탠스를 취하고 난 뒤 그 클럽을 제거하고 플레이했다. 페널티가 있는가?

2페널티	클럽이나 다른 물체를 사용하면 안 된다

플레이어가 목표 지점을 조준하기 위해 도움이 되는 이러한 물체를 지면에 내려놓으면 안 된다.

플레이어가 자신의 발이나 몸으로 방향을 잡는 데 도움이 되는 물건, 예를 들면 얼라인먼트 스틱이나 클럽을 지면에 놓고 스탠스를 취하면 2페널티를 받는다.

플레이 선상에 캐디를 세워 두었다

퍼팅그린이 높은 지대에 있어 볼이 날아가는 방향을 알 수 없어 캐디에게 그 방향 쪽에 서 있게 하고 스트로크했다.

| 2페널티 | 스트로크하기 전에 캐디를 그곳에서 비켜나게 해야 한다 |

플레이어는 자신의 플레이 선을 나타내도록 하기 위해 자신의 캐디를 그 선 또는 그 선 가까이에 서 있도록 할 수 있다. 그러나 그 캐디는 반드시 플레이어가 스트로크하기 전에 그 자리에서 비켜나야 한다.

플레이어의 캐디는 그런 도움을 주기 위해 어떤 물체를 지면에 내려놓아서는 안 된다. 스트로크를 하기 전에 그 물체를 제거하더라도, 플레이어는 페널티를 면할 수 없다. 위반 시 일반페널티.

Q136 플레이어의 캐디가 플레이 선 후방(제한구역)에 서 있다

플레이어의 캐디가 목표 지점을 조준하는 플레이어의 스탠스를 돕기 위해 볼 후방에 서 있다면 페널티가 있는가? 또 제한구역이란 무엇인가?

2페널티	제한 구역에 서 있어서는 안 된다

캐디가 플레이 선 후방에 서 있으면 안 된다(「제한 구역」 참조).

플레이어의 캐디가 목표 지점을 조준하는 플레이어에게 도움을 주기 위해 그 제한 구역에 서 있어서는 안 된다. 캐디가 아무 말 없이 그 자리에서 비켜나는 경우 또한 그 자리에 서 있었던 것만으로도 플레이어에게 플레이어가 의도하는 목표를 정확하게 조준하고 있다는 신호를 한 것이기 때문에, 그곳에 서 있어서는 안 된다.

그러나 플레이어가 그 스트로크를 하기 전에 스탠스에서 물러나고, 플레이어가 다시 스트로크를 위한 스탠스를 취하기 시작하기 전에 캐디가 그 제한 구역에서 비켜났다면 페널티가 없다. 또한 플레이어의 캐디가 그 제한 구역에 무심

코 서 있었던 경우에는 페널티가 없다.

※ **제한 구역** : 플레이어가 스트로크를 위한 스탠스를 취하기 시작하고, 즉 그 스탠스의 위치에 한쪽 발을 디딘 시점부터 그 스트로크를 할 때까지, 플레이어의 캐디는 고의로 플레이어의 볼 후방의 플레이 선의 연장선상이나 그 가까이에 서 있어서는 안 된다.

Q137 볼을 드롭하는 방법 3가지

드롭은 누가, 어떻게, 어디에 하는가?

① 반드시 플레이어 본인이 해야 한다. 캐디나 다른 사람이 볼을 드롭해서는 안 됨.

② 볼을 무릎 높이(똑바로 선 자세를 취해야 되는 것은 아님)에서 놓아야 한다. 떨어 지면서 플레이어의 신체나, 장비에 닿지 않아야 함. '무릎 높이'는 플레이어가 똑바로 선 자세에서 지면으로부터 플레이어의 무릎까지의 높이를 의미한다. 볼을 던지거나, 스핀을 주거나, 볼을 굴리거나, 볼이 정지할 곳에 영향을 미칠 수 있는 어떠한 동작도 하지 않고, 그 볼이 똑바로 떨어지도록 해야 하며,

③ 볼을 반드시 구제구역(또는 선상)에 드롭해야 한다. 그러나 후방선 구제를 받을 때는 그 볼은 반드시 그 규칙에 따라 허용되는 선상에 드롭해야 하며, 그 볼이 드롭 지점에 따라 구제구역이 결정된다. 볼을 드롭하는 경우 플레 이어는 원래의 볼을 사용할 수도 있고, 다른 볼을 사용할 수도 있다.

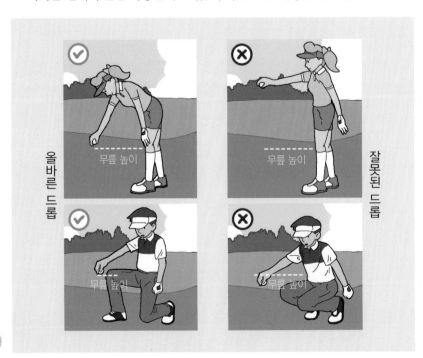

138 올바른 방법으로 드롭한 볼은 반드시 구제구역 안에 정지해야 한다. 두 번째 드롭, 다시 드롭이란?

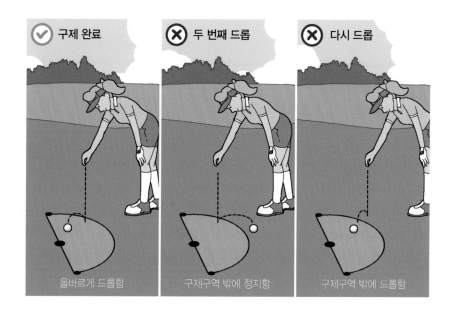

위의 그림을 보면, ① 왼쪽 그림은 구제 완료, ② 가운데 그림은 올바른 방법으로 두 번째 드롭 ③ 오른쪽 그림은 올바른 방법으로 다시 드롭해야 하는 상황이다. 볼을 드롭하는 방법 세 가지 중에서 하나라도 위반하여 잘못된 방법으로 드롭한 경우, 반드시 올바른 방법으로 볼을 드롭할 때까지 드롭 횟수에는 제한이 없다.

볼을 잘못된 방법으로 드롭(① 처음부터 구제구역 밖에 볼을 드롭한 경우 ② 무릎 높이보다 높거나 낮은 위치에서 드롭한 경우 ③ 볼이 지면에 닿기 전에 플레이어의 신체나, 장비에 먼저 접촉한 경우)한 것은 그 볼을 플레이스하기 전에 요구되는 '두 번째 드롭'에 포함되지 않는다. 즉 이러한 경우는 '다시 드롭'이라는 용어가 쓰인다.

139 잘못된 방법으로 드롭한 볼이 정지한 곳에서 스트로크했다

플레이어가 잘못된 방법으로 볼을 드롭한 후 정지한 곳에서 스트로크하면 어떤 페널티를 받는가?

1페널티 또는 2페널티

스트로크한 지점이 구제구역이면 1페널티, 구제구역 밖이면 2페널티를 받는다.

플레이어가 잘못된 방법(예 : 캐디가 볼 드롭, 무릎 높이 이상 또는 이하, 구제구역 밖에 드롭)으로 드롭한 후 플레이어가 볼을 다시 드롭하지 않고 정지한 곳에서 볼을 스트로크하면 페널티가 부과된다(세 가지 요건 중 한 가지라도 위반하여 잘못된 방법으로 드롭한 경우).

그 정지한 곳이 구제구역에 정지한 경우는 1페널티, 그러나 그곳이 구제구역 밖이었던 경우 또는 드롭해야 할 때 플레이스한 후 플레이한 경우(그 볼을 플레이한 곳과 관계없이), 플레이어는 일반페널티를 받는다.

올바르게 드롭한 볼이 우연히 플레이어의 몸이나 장비에 닿았다

올바른 방법으로 드롭한 볼이 구제구역의 지면에 닿은 후 정지하기 전에 우연히 플레이어나 장비에 맞는 경우 다시 볼을 드롭해야 하는가?

페널티 없음   **구제구역에 정지하면 다시 드롭하지 않아도 됨**

그 볼이 구제구역에 정지한 경우, 플레이어는 완전한 구제를 받은 것이므로 반드시 그 볼을 놓은 그대로 플레이해야 한다. 플레이어가그 장비를 움직일 때 그 볼이 움직인 경우에는 그 볼을 처음 멈춘 자리에 리플레이스해야 한다. 볼이 움직인 것에 대한 페널티는 없다.

올바른 방법으로 드롭한 볼이 구제구역의 지면에 닿기 전에 플레이어의 몸이나 장비를 맞힌 경우는 다시 드롭해야 한다. 이때 드롭 횟수에는 제한이 없다.

 드롭한 볼이 구제구역의 기준점을 표시한 티에 먼저 맞고 구제구역에 멈췄다

드롭한 볼이 구제구역을 마크해 둔 티에 먼저 맞고 구제구역 안에 멈췄다. 이런 경우 다시 드롭해야 하는가?

페널티 없음   **볼을 집어 올려 올바른 방법으로 다시 드롭한다**

티는 플레이어의 장비이다. 드롭한 볼이 드롭 구역에 떨어지기 전에 플레이어의 몸이나 장비에 맞는 경우 다시 드롭해야 한다. 이 경우는 드롭 횟수에 제한이 없다.

두 번째 드롭과 다시 드롭은 언제 하는가? 볼을 플레이스하는 때는?

① '두 번째 드롭'은 언제 하는가?

— 올바르게 드롭한 볼이 구제구역 안에 떨어진 뒤에 구제구역 밖에 정지한 경우, 플레이어는 반드시 바른 방법으로 그 볼을 두 번째 드롭해야 한다.

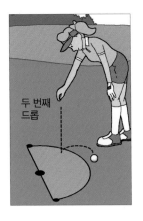
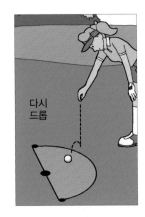

두 번째 드롭

다시 드롭

② 언제 '다시 드롭' 하는가?

— 드롭한 볼이 드롭 구역에 떨어지기 전에 플레이어의 몸이나 장비에 맞는 경우 또는

— 볼을 드롭하는 방법 세 가지 중 한 가지 이상 잘못된 방법으로 드롭한 경우, 다시 드롭하는 경우는 드롭 횟수에 제한이 없음.

③ 언제 플레이스하는가?

올바른 방법으로 드롭한 볼이 첫 번째, 두 번째 모두 구제구역의 지면에 닿은 후 구제구역 밖에 정지한 경우 두 번째 드롭한 볼이 처음 지면에 닿은 지점에 그 볼을 플레이스함. 플레이스된 볼이 그 지점에 머물러 있지 않은 경우, 플레이어는 반드시 그 지점에 두 번째로 볼을 플레이스해야 한다.

드롭한 볼을 플레이스하려고 해도 볼이 멈추지 않는다

경사가 심한 곳에 볼을 드롭했는데 볼이 서지 않아 플레이스할 수가 없다. 어떻게 해야 하는가?

페널티 없음 **플레이스할 지점에 볼이 멈추지 않으면 두 번째 시도한다**

— 플레이스된 볼이 그 지점에 머물러 있지 않는 경우, 플레이어는 반드시 그 지점에 두 번째로 볼을 플레이스해야 한다.

— 두 번째 볼도 그 지점에 머물러 있지 않는 경우, 플레이어는 반드시 홀에 더 가깝지 않으면서 볼이 머물러 있을 수 있는 가장 가까운 지점(반드시 원래의 지점과 동일한 코스의 구역)에 볼을 플레이스해야 한다. 이렇게 플레이스되는 볼은 그 구제구역 밖에 놓일 수도 있다.

 볼을 잘못된 지점에 드롭했다

원래 드롭해야 할 곳이 아닌 지점에 볼을 드롭했는데 스트로크는 하지 않았다. 다시 드롭해도 되는가?

플레이어의 인플레이 상태의 볼을

① 잘못된 방법으로

② 잘못된 장소에

③ 적용되지 않은 절차에 따라 리플레이스하거나 드롭하거나 플레이스한 경우,

— 플레이어는 페널티 없이 그 잘못을 바로잡을 수 있다.

— 그러나 그 잘못을 바로잡는 것은 그 볼을 플레이하기 전에만 허용된다.

드롭을 세 번이나 했다

볼을 올바른 방법으로 드롭했는데 두 번 모두 구제구역 바깥에서 멈췄다. 세 번째 드롭을 하고 구제구역 안에 멈춘 볼을 플레이했다.

2페널티	두 번째 드롭 시 구제구역에 처음 떨어진 지점에 그 볼을 플레이스한다

올바른 방법으로 드롭한 볼이 첫 번째, 두 번째 모두 구제구역의 지면에 닿은 후 구제구역 밖에 정지한 경우, 두 번째 드롭한 볼이 처음 지면에 닿은 지점에 그 볼을 플레이스함.

볼을 세 번째 드롭하고 플레이하면 잘못된 장소에서 플레이한 것이 되어 2페널티를 받는다. 단, 드롭을 세 번 했어도 플레이하지 않았다면 플레이어는 페널티 없이 그 볼을 집어 올리고 그 잘못을 정정했더라면 페널티가 없다.

 볼을 드롭해야 할 때 잘못 알고 플레이스하고 스트로크했다

볼을 드롭해야 할 때 잘못 알고 플레이스하고 스트로크했다. 페널티는?

2페널티	잘못된 장소에서 플레이한 것임

'잘못된 장소'라 함은 규칙에서 플레이어가 자신의 볼을 플레이할 것을 요구하거나 허용하는 곳 이외의 코스 위에서의 모든 장소를 말한다.

예를 들면,

— 드롭해야 할 때 플레이스하거나

— 구제구역 밖에 드롭하고 스트로크하거나

— 규칙에서 리플레이스를 요구하는 볼을 리플레이스하지 않고 플레이하거나

— 플레이금지구역에서의 플레이 등이다.

147 두 가지 코스의 구역이 있는 구제구역에서의 드롭 방법

일반구역과 벙커가 동시에 구제구역에 포함되어 있다. 이때 일반구역에 드롭한 볼이 처음 지면에 닿은 후 벙커에 멈췄다면 어떻게 해야 하는가?

페널티 없음   다시 드롭한다

이 상황은 페널티구역 구제나 언플레이어블볼 구제 때 등에 나타나는 현상이다. 예를 들면 일반구역과 벙커가 동시에 구제구역으로 포함될 수 있는데, 이때 일반구역에 드롭한 볼이 처음 지면에 닿은 후 벙커에 멈췄을 경우에는 구제구역을 벗어나지 않아도 다시 드롭해야 한다.

플레이어가 원래 사용한 구제 방법에 따라 반드시 다시 드롭해야 하는 경우, 플레이어는 동일한 구제구역 안에 있는 다른 유형의 코스에 드롭할 수 있다. 즉, 플레이어는 다시 드롭할 때 벙커에 볼을 드롭할 수도 있다.

볼을 드롭하는 구역, 플레이스하는 곳 주변에 있는 루스임페디먼트(낙엽)을 제거했다

볼을 드롭하거나, 플레이스해야 할 때, 드롭할 장소나 플레이스하는 곳에 있는 작은 나뭇가지나 잎이 방해되는데 치워도 되는가?

페널티 없음 제거해도 된다

플레이어는 페널티 없이 코스 안팎 어디에서나 그리고 어떤 식으로든 그 루스임페디먼트를 제거할 수 있다. 예를 들면 손발, 클럽 또는 그 밖의 장비를 사용하여 또는 다른 사람의 도움을 받거나 루스임페디먼트의 일부를 부러뜨려서 치울 수 있다. 단, 루스임페디먼트를 움직임으로써 그 볼을 움직일 가능성이 있는 경우에는 루스임페디먼트를 고의로 제거하면 안 된다. 그 루스임페디먼트를 제거하려다가 그 정지한 볼을 움직이게 한 경우, 플레이어는 1페널티를 받는다. 그러나 제거한 루스임페디먼트를 제자리에 가져다 놓을 필요는 없다.

드롭할 지점을 편평하게 고르고 드롭했다

볼을 드롭하려고 보니 드롭 구역에 모래가 많아 지면이 울퉁불퉁하다. 발로 편평하게 고른 뒤 드롭했다면 페널티를 받는가?

2페널티	드롭 구역 및 플레이스할 구역을 개선하는 행위임

드롭하는 구역을 개선한 것이므로 2페널티를 받는다.

드롭할 구역의 모래나 디봇 자국을 발로 흙을 제거하거나 고르는 행동은 규칙 위반이다.

150 **드롭한 후 정지한 볼이 코스의 다른 구역이나 OB 로 움직였다**

드롭하거나 플레이스하거나 리플레이스한 후 정지한 볼이 코스의 다른 구역이 나 OB로 움직이는 경우 어떻게 해야 하는가?

페널티 없음 **그 볼은 반드시 리플레이스해야 한다**

플레이어가 원래의 볼이나 다른 볼을 드롭하거나 플레이스하거나 리플레이스 하여 그 볼이 인플레이 상태가 되었는데, 자연의 힘이 그 정지한 볼을 움직여 서 그 코스의 다른 구역 또는 OB(아웃오브바운즈)에 정지하게 하는 경우, 그 볼 은 반드시 원래 지점에 리플레이스해야 한다.

※예 : 페널티 구제를 받은 볼이 스트로크하기 전에 다시 페널티구역으로 들어간 경우.

 151 **드롭한 볼이 구제구역의 지면에 박혔다**

규칙에 따라 구제를 받고 볼을 드롭했는데 볼이 지면에 박혔다. 이런 경우 다시 박힌 볼의 구제가 가능한가?

불가능 **볼이 놓여 있는 상태로 플레이 또는 언플레이어블볼 구제 선택**

플레이어의 직전의 스트로크가 아닌 다른 이유로 볼이 지표면 아래에 있는 다 음과 같은 경우, 그 볼은 박힌 볼이 아니다.

— 누군가가 볼을 밟아서 그 볼이 땅속으로 밀려든 경우.

— 볼이 전혀 공중으로 뜨지 않고 곧장 지면으로 들어간 경우.

— 볼이 규칙에 따른 구제를 받고 드롭된 경우.

152 **고무래가 플레이에 방해가 된다**

고무래가 플레이에 방해가 된다. 움직일 수 있는 장해물로부터의 구제 방법은 무엇인가?

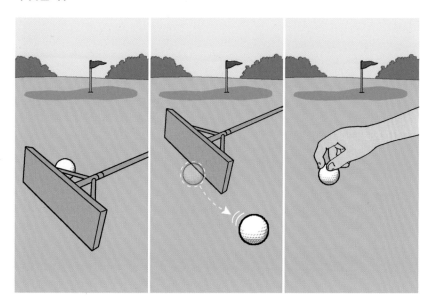

페널티 없음 **볼이 움직이면 리플레이스한다**

페널티 없이, 플레이어는 코스 안팎 어디에서든 어떤 식으로든, 움직일 수 있는 장해물을 제거할 수 있다. 장해물을 먼저 제거하며, 볼 마크를 할 필요는 없다. 제거할 때 그 볼이 움직인 경우(가운데 그림), 그 볼은 반드시 원래의 지점에 리플레이스해야 한다(오른쪽 그림).

※예외 1 : 티잉구역에서 볼을 플레이할 경우, 티잉구역의 티 마커들을 움직여 서는 안 된다.

※예외 2 : 움직이고 있는 볼에 영향을 미치기 위해 움직일 수 있는 장해물을 고의로 제거하는 것에 대한 제한 사항.

방석 위의 볼이 플레이에 방해가 된다

방석 위의 볼이 플레이에 방해가 된다. 볼이 움직일 수 있는 장해물의 안이나 위에 있는 경우의 구제 방법은?

페널티 없음　구제구역에 볼을 드롭한다

구제기점(장해물의 안이나 위에 정지한 지점의 바로 아래 지점)으로부터 홀에 가깝지 않게 한 클럽 이내에 볼을 드롭한다. 구제구역은 반드시 기준점과 동일한 코스의 구역이어야 함.

볼을 먼저 집어 올리고(왼쪽 그림), 그 장애물을 제거한 뒤(중간 그림), 그 볼이 있었던 곳의 바로 아래 지점 구제기점으로부터 한 클럽 이내에 드롭해야 한다(오른쪽 그림). 단, 퍼팅그린에서는 정지한 지점의 바로 아래로 추정되는 지점에 볼을 플레이스한다.

Q 154 벙커 고무래를 치우자 볼이 벙커로 굴러 떨어졌다

벙커 가장자리에 놓여 있던 고무래에 붙어 정지해 있던 볼이 고무래를 치우자
벙커로 굴러 떨어졌다. 어떻게 해야 하는가?

페널티 없음　　**원래의 지점에 리플레이스한다**

고무래(움직일 수 있는 장해물)를 제거했을 때 볼이 움직였더라도 페널티는 없
다. 원래의 지점에 리플레이스한 뒤 플레이를 계속한다.

벙커 고무래는 '움직일 수 있는 장해물'에 속하므로 당연히 치울 수 있다.

두 번의 시도에도 볼이 원래의 지점에 멈추지 않으면, 홀에 더 가깝지 않고 가
장 가까운 멈출 수 있는 지점을 찾아 옮겨 놓고(리플레이스), 플레이를 계속하
면 된다.

볼이 발견되지 않았지만 움직일 수 있는 장해물의 안이나 위에 있다

볼이 발견되지는 않았지만, 코스 위에 있는 움직일 수 있는 장해물의 안이나 위에 정지한 것을 알았다.

코스 위에 있는 움직일 수 있는 장해물의 안이나 위에 정지한 것을 알고 있거나 사실상 확실한 경우, 플레이어는 스트로크와 거리 구제를 받는 대신 구제구역에 원래의 볼이나 다른 볼을 드롭하여 페널티 없이 다음과 같이 구제를 받을 수 있다.

▶ 기준점 : 움직일 수 있는 장해물의 경계를 마지막으로 통과한 것으로 추정되는 지점의 바로 아래 지점.
▶ 구제구역의 크기 : 기준점으로부터 한 클럽 길이 이내의 구역.
▶ 구제구역의 위치 제한 :
─ 구제구역은 반드시 기준점과 동일한 코스의 구역에 있어야 하며,
─ 기준점보다 홀에 더 가깝지 않아야 한다.

코스 위에 있는 볼이 플레이에 방해가 된다

코스 위에 있는 볼이 플레이에 방해가 되는 경우의 처리 방법은?

▶ 방해의 의미

— 스탠스 구역이나 스윙 구역에 방해가 있는 경우.

— 스트로크를 하면 플레이어의 움직이는 볼이 그 볼을 맞힐 수 있는 경우.

— 다른 플레이어의 정지한 볼이 스트로크에 방해가 될 정도로 가까이 있는 경우.

▶ 처리 방법

— 볼을 마크하고 볼을 집어 올려 달라고 요구할 수 있다. 이 경우, 그 볼을 닦아서는 안 되며(퍼팅그린에서 예외), 그 볼은 반드시 리플레이스해야 한다.

— 그 지점을 마크하지 않고 볼을 집어 올리거나 볼을 닦은 경우, 그 다른 플레이어는 1페널티를 받는다.

— 스트로크플레이에 한하여, 볼을 집어 올려달라는 요구를 받은 플레이어는 그 볼을 집어 올리는 대신 먼저 플레이할 수 있다.

플레이어가 자신의 볼이 다른 플레이어의 플레이에 방해가 될 수도 있다는 플레이어 혼자만의 확신으로 자신의 볼을 집어 올리면 1페널티를 받는다.

Q 157 '비정상적인 코스 상태'란?

'비정상적인 코스 상태'란 무엇을 말하는가?

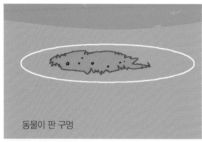

동물이 판 구멍

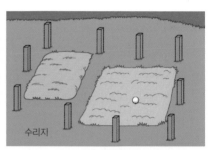

수리지

움직일 수 없는 장해물

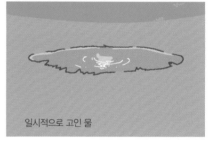

일시적으로 고인 물

'비정상적인 코스 상태'란 다음과 같이 규정된 4가지 상태를 말한다(「용어의 정의」 참조).

▶ 동물이 판 구멍

▶ 수리지

▶ 움직일 수 없는 장해물

▶ 일시적으로 고인 물

볼이 카트 도로 또는 배수구에 있다

움직일 수 없는 장해물로부터의 페널티 없는 구제 방법은?

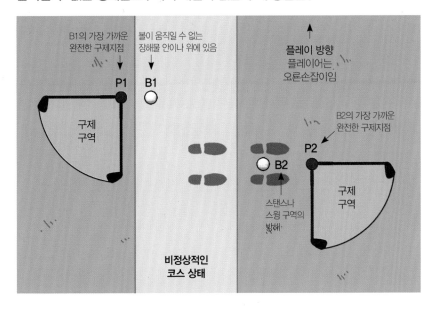

▶ 구제를 받을 수 있는 방해의 의미

— 플레이어의 볼이 비정상적인 코스 상태에 닿아 있거나 그 비정상적인 코스 상태의 안이나 위에 있는 경우.

— 비정상적인 코스 상태가 스탠스 구역이나 스윙 구역에 물리적으로 방해가 되는 경우.

▶ 처리 방법

— 기준점 : 일반구역 안에 가장 가까운 완전한 구제지점(그림 P1, P2)을 정하고

— 그 기준점보다 홀에 가깝지 않게, 그러한 장해물로부터 완전한 구제를 받을 수 있는 곳으로부터 한 클럽 이내에 볼을 드롭한다.

※ 비정상적인 코스 상태가 플레이어에게 방해가 될 정도로 가까이 있기는 하지만, 위의 요건에 부합되지 않는 경우에는 구제를 받을 수 없다.

Q159 나무의 지주가 샷에 방해가 된다

볼이 나무 지주에 바싹 붙어서 멈췄다. 지주만 없으면 칠 수 있을 것 같은데, 구제를 받을 수 있는가?

페널티 없음　　**구제 받을 수 있다**

수목 보호를 위해 설치된 지주는 인공 장해물로, 스탠스나 스윙에 방해가 되면 움직일 수 없는 장해물 구제를 받을 수 있다.

① 가장 가까운 완전한 구제지점을 정하고, (「용어의 정의 : 가장 가까운 완전한 구제지점」참조) ② 기준점보다 홀에 가깝지 않고, ③ 그 구제지점으로부터 한 클럽 길이 이내의 드롭 구역에 볼을 드롭하고 칠 수 있다.

※예외 : 볼이 덤불 속에 놓여 있기 때문에 플레이어가 스트로크할 수 없는 경우는 벌 없이 구제 받을 수 없다.

160 볼이 나무뿌리 사이에 있어 스트로크를 할 수 없다

볼이 나무뿌리 사이에 있어 칠 수 없는 상황인데, 일단 스탠스를 취해 보니 발이
카트 도로에 걸린다. 이런 경우 구제 받을 수 있는가?

구제 불가능　　**언플레이어블볼 선언**

움직일 수 없는 장해물 이외의 방해에 의해 플레이어가 그 볼을 놓인 그대로
플레이하기가 명백하게 불합리한 경우(예 : 덤불)는 '움직일 수 없는 장해물로
부터의 페널티 없는 구제'를 받을 수 없다.

구제를 받기 위해 비정상적인 스탠스나 클럽을 선택했다

정상적인 스탠스를 취하면 카트 도로에 발이 걸리지 않지만 다리를 넓게 벌리면 카트 도로에 닿는다. 혹은 클럽 선택을 비정상적으로 하여 구제 받을 수 있는가?

구제 불가능   볼이 놓여 있는 그대로 플레이해야 함

플레이어가 그런 상황에서 선택하기에는 명백하게 불합리한 클럽, 스탠스, 스윙, 플레이 방향을 선택할 때만 방해가 존재하는 경우에는 구제 받을 수 없다.

162 오른손잡이 플레이어가 왼손으로 구제를 받고 나서 오른손으로 쳤다

일반구역에서 오른손잡이인 플레이어의 볼이 홀 왼편의 코스의 경계물에 바짝 붙어 있어서 그 볼을 홀 쪽으로 플레이하려면 플레이어가 왼손 스윙을 할 수밖에 없는 상황인데 스탠스가 카트 도로에 걸린다. 이 경우 플레이어가 구제를 받을 수 있는가?

구제 가능	오른손으로 플레이해도 된다

이 상황에서는 왼손 스윙을 하는 것이 명백하게 불합리한 것이라고 할 수 없기 때문에 그 움직일 수 없는 장해물로부터 구제를 받을 수 있다. (구제 절차는 앞에서 언급한 「움직일 수 없는 장해물 구제」 참조.)

완전한 구제기점으로부터 홀에 가깝지 않게 한 클럽 길이 범위 이내 지역에 드롭한 결과 평소처럼 오른손으로 칠 수 있는 상황으로 바뀐 경우에는 오른손으로 칠 수 있다.

163 구제를 받고 나서 스트로크할 때 클럽이 그 장해물에 부딪혔다

플레이어의 볼이 카트 도로에 정지하여 구제를 받기로 했다. 5번 아이언으로 가장 가까운 완전한 구제지점을 측정한 뒤 볼을 드롭하여 정지한 볼을 스트로크하다가 클럽이 그 카트도로에 부딪쳤다.

| 2페널티 | 구제를 받을 때는 그 장해 상태로부터 완전한 구제를 받아야 한다 |

플레이어가 구제지점을 적절하게 결정하지 못해서 잘못된 장소에서 플레이한 것이 되어 일반페널티를 받는다.

※ 주의 : 플레이어는 '비정상적인 코스 상태로 인한 방해로부터 구제'를 받는 경우 반드시 그 상태로 인한 모든 방해로부터 구제를 받아야 한다.

 164 OB 지역에 위치한 움직일 수 없는 인공 물체에 의한 방해를 받았다

OB 지역에 위치한 움직일 수 없는 인공 물체가 스윙에 방해가 되었다. 이러한 경우 플레이어가 페널티 없는 구제를 받을 수 있는가?

| 구제 불가 | 볼이 놓인 그대로 혹은 언플레이어블볼을 선언한다 |

구제를 받을 수 없다.
코스 밖에 위치한 움직일 수 없는 인공 물체는 장해물이 아니다.

165 **수리지의 파란 말뚝을 뽑고 쳤다**

볼은 수리지 밖에 있지만 수리지 표시 파란 말뚝(또는 거리 표시 말뚝, 페널티구역 말뚝)이 샷에 방해가 된다. 말뚝을 뽑고 샷을 하면 페널티가 있는가?

페널티 없음 | **그대로 경기를 진행한다**

수리지(페널티구역, 거리 표시 등. 단, 경계 말뚝 제외)를 나타내는 말뚝은 규칙상 '움직일 수 있는 장해물'로 간주되기 때문에 플레이에 방해가 되는 경우라면 뽑고 쳐도 문제가 없다. 이 경우는 수리지가 플레이의 스탠스 또는 스윙구역에 방해가 되기 때문에 페널티 없는 구제도 가능하다.

단, 수리지가 플레이금지구역이면 페널티 없는 구제를 받아야 한다.

166 볼이 페어웨이에 일시적으로 물이 고여 있는 곳에 멈췄다

볼이 일시적으로 고인 물 안에 멈추어서 플레이할 수가 없다. 이 경우 페널티 없이 구제가 가능한가?

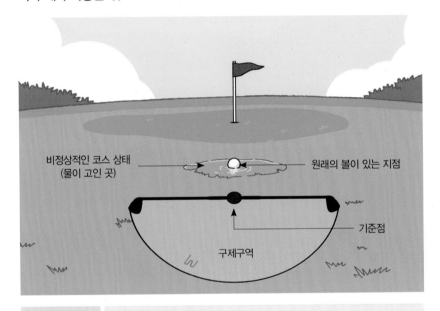

페널티 없음 구제 받을 수 있다

드롭 구역에 원래의 볼이나 다른 볼을 드롭할 수 있다. 그림의 연갈색 구역(클럽으로 표시한 부분)에 볼을 드롭하여 그 안에 볼이 정지해야 한다(그림은 '일반구역에 있는 비정상적인 코스 상태'로부터 페널티 없는 구제를 받는 경우임).

'일시적으로 고인 물'(「용어의 정의」 참조)에 의한 방해가 있을 경우 다음과 같이 구제를 받는다.

▶ 기준점 : 일반구역에 있는 가장 가까운 완전한 구제지점.

▶ 구제구역의 크기 : 기준점으로부터 한 클럽 길이 이내의 구역.

▶ 구제구역의 위치 제한

— 구제구역은 반드시 일반구역에 있어야 하고

— 기준점보다 홀에 더 가깝지 않아야 하며

— 비정상적인 코스 상태로 인한 모든 방해로부터 완전한 구제를 받는 구역이
  어야 한다.

167 볼이 동물이 판 구멍 옆에 멈춰서 스탠스가 스윙에 방해가 된다

볼이 두더지 구멍 옆에 멈춰서 스탠스를 취하니 그 구멍이 스탠스를 취할 때 방해가 된다. 페널티 없이 구제가 가능한가?

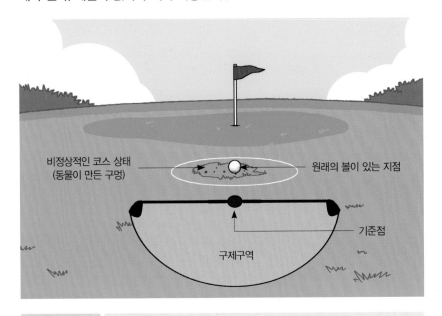

비정상적인 코스 상태
(동물이 만든 구멍)

원래의 볼이 있는 지점

기준점

구제구역

페널티 없음   **구제 받을 수 있다**

동물이 만든 구멍은 '비정상적인 코스 상태에 의한 방해'로서, 페널티 없이 구제를 받을 수 있다.

구제 방법 : 「일시적으로 고인 물에 의한 방해의 구제 방법」 참조.
가장 가까운 완전한 구제지점을 정하여 그 기준점에서 한 클럽 길이 이내로, 홀에 가깝지 않은 곳에 드롭해야 한다. 그림의 연갈색 부분에 볼을 드롭하여 그 안에 볼이 정지해야 한다.

'동물이 만든 구멍'이란, 동물(벌레나 곤충 제외)이 지면에 판 모든 구멍을 말한다. 다음과 같은 것들은 동물이 판 구멍에 포함된다.

― 동물이 그 구멍을 팔 때 떨어져 나온 부스러기.

― 동물이 그 구멍을 드나든 흔적이나 자국.

― 동물이 땅속으로 판 구멍으로 인해 불룩하게 솟아오르거나 변형된 지면의 모든 부분.

168 수리지에 볼이 멈춰 있다

볼이 위원회가 수리지로 규정한 구역에 들어가 버렸다. 플레이어는 수리지로부터 페널티 없는 구제 받을 수 있는가?

페널티 없음 **구제 받을 수 있다**

가장 가까운 완전한 구제지점을 정하여 그 기준점으로부터 한 클럽 길이 이내로, 홀에 가깝지 않은 곳에 볼을 드롭해야 한다.

수리지는(「용어의 정의」 참조) '비정상적인 코스 상태'로, 볼이 이곳에 닿아 있거나 그 안이나 위에 있는 경우 페널티 없이 구제를 받을 수 있다.

※구제 방법은 「일시적으로 고인 물에 의한 방해의 구제 방법」 참조.

Q 169 수리지가 플레이어의 의도된 스탠스 구역이나 스윙 구역에 물리적으로 방해가 된다

볼이 놓여 있는 곳은 수리지 밖이지만, 어드레스를 하면 스탠스 또는 스윙하는 데 방해가 된다. 이때 페널티 없이 구제를 받을 수 있는가?

페널티 없음 **구제 받을 수 있다**

수리지로부터 구제를 받을 때 볼 자체가 수리지 안 또는 위에 있는 경우뿐만 아니라 플레이어의 의도하는 스탠스 또는 스윙에 방해가 되는 경우에도 페널티 없이 구제를 받을 수 있다.

※구제 방법은 「일시적으로 고인 물에 의한 방해의 구제 방법」 참조.

170 # 수리지에 들어간 볼이 보이지 않는다

수리지, 움직일 수 없는 장해물, 일시적으로 고인 물, 동물이 판 구멍 등 흰 경계
선이 표시된 일반구역의 수리지 안으로 볼이 들어간 것을 갤러리가 확인해 주었
으나 들어간 볼이 보이지 않는다. 어떻게 구제를 받을 수 있는가?

페널티 없음	비정상적인 코스 상태로 인한 구제를 받는다

플레이어의 볼이 발견되지는 않았지만 그 볼이 코스 위의 비정상적인 코스 상
태 안이나 위에 정지한 것을 알고 있거나 사실상 확실한 경우, 플레이어는 '스
트로크와 거리 구제'를 받는 대신 다음과 같은 구제 방법을 사용할 수 있다.

구제 방법

▶ 기준점 : 볼이 수리지의 바깥쪽 경계를 통과한 것으로 추정되는 지점을 가장
　　가까운 완전한 구제지점을 찾기 위한 지점으로 사용하여 가장 가까운 완전

한 구제지점을 구한다.

▶ **구제구역의 크기** : 기준점으로부터 한 클럽 길이 이내의 구역,

▶ **구제구역의 위치 제한** : 반드시 일반구역에 있어야 하고, 기준점보다 홀에 더 가깝지 않아야 하며, '비정상적인 코스 상태'로 인한 모든 방해로부터 완전한 구제를 받는 구역이어야 한다.

그 가장 가까운 구제구역으로부터 한 클럽 길이 이내로 구제구역보다 홀에 더 가깝지 않은 곳에 드롭 구역에 볼을 드롭한다. 구제를 받는 경우, 플레이어는 반드시 그 '비정상적인 코스 상태로 인한' 모든 방해로부터 완전한 구제를 받아야 한다.

171 수리지 안의 나뭇가지 위에 볼이 놓여 있다

수리지 안의 나뭇가지 위에 볼이 놓여 있고, 볼에서 수직인 지점은 수리지 구역 밖에 있다. 이 볼은 수리지 구제가 가능한가?

페널티 없음	수리지 구제를 받을 수 있다

수리지 안에 있는 나무들은 모두 수리지의 일부이므로 볼은 수리지 안에 있는 것이 된다. 따라서 이 볼은 페널티 없이 '비정상적인 코스 상태'로부터 구제를 받을 수 있다.

※「용어의 정의 : 수리지」 참조.

구제를 받을 때(일반구역)

― 볼이 나뭇가지에 걸려 있는 바로 아래 지점을 기준으로 하여 수리지의 방해 로부터 완전히 벗어난 가장 가까운 완전한 구제지점을 정하여,

― 홀에 가깝지 않은 곳에,

― 한 클럽 이내 드롭 구역을 설정하여 그 드롭구역 안에 드롭한다.

172 코스에 남아 있는 눈 또는 천연얼음 속에 볼이 있다

샷을 한 볼이 페어웨이에 남아 있는 눈 속에 박혀 버렸다. 페널티 없이 구제 받을 수 있는가?

페널티 없음　　**구제 받을 수 있다**

규칙상 눈이나 천연 얼음은 플레이어가 임의로 루스임페디먼트나 코스 내에 일시적으로 고인 물로 취급할 수 있다.

① 코스 내에 일시적으로 고인 물로 취급할 때 : '비정상적인 코스 상태로부터 의 페널티 없이 구제'를 받을 수 있다. 구제 방법은 볼이 페어웨이에 일시적 으로 물이 고인 곳에 멈췄을 때의 구제 방법과 같다.

② 루스임페디먼트로 취급할 때는 눈을 제거하면 된다.

173 일반구역에서의 언플레이어블볼에 대한 구제 방법

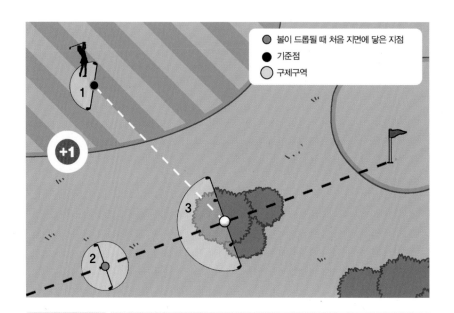

● 볼이 드롭될 때 처음 지면에 닿은 지점
● 기준점
○ 구제구역

1페널티 **구제 받을 수 있다**

플레이어는 다음의 한 가지 구제 방법에 따라 1페널티를 받고 언플레이어블볼 구제를 받을 수 있다.

① 스트로크와 거리 구제

플레이어는 직전의 스트로크를 한 곳에서 원래의 볼을 플레이할 수도 있고, 다른 볼을 플레이할 수도 있다(그림 1 지점).

② 후방선 구제

플레이어는 홀과 원래의 볼이 놓여 있는 지점을 연결한 직선상으로 그 볼이 있

었던 지점보다 후방에 볼을 드롭할 수 있다.(후방으로 얼마나 멀리 드롭하는가에 대한 거리 제한은 없음). 그 후방선상에 볼을 드롭할 때 최초로 지면에 닿은 지점으로부터 어느 방향으로든 한 클럽 길이 이내의 구역이 구제구역으로 결정된다. 그러나 다음과 같은 제한을 받는다(그림 2 지점).

구제구역의 위치 제한 : 구제구역은 반드시 원래의 볼이 있는 지점보다 홀에 더 가깝지 않아야 하며 어떤 코스의 구역에나 있을 수 있다. 그러나 그 볼이 드롭될 때 최초로 지면에 닿은 구역과 동일한 코스의 구역에 있어야 한다.

③ 측면 구제(그림 3 지점)

기준점 : 원래의 볼이 있는 지점. 그러나 그 볼이 지면보다 위에 놓인 경우(예 : 나무), 기준점은 그 볼로부터 수직으로 아래에 있는 지면상의 지점이다.

구제구역의 크기 : 기준점으로부터 두 클럽 길이 이내의 구역.

구제구역의 위치 제한 : 구제구역은 반드시 기준점보다 홀에 더 가깝지 않아야 하며, 어떤 코스의 구역에나 있을 수 있다.

그러나 기준점으로부터 두 클럽 길이 이내에 두 가지 이상의 코스의 구역이 있는 경우, 그 볼은 반드시 그 볼이 드롭될 때 최초로 지면에 닿은 구역과 동일한 코스의 구역에 있는 구제구역에 정지해야 한다.

언플레이어블볼에 대한 구제 방법 중 후방선 구제나 측면 구제를 받을 때는 반드시 자신의 볼을 발견해야 한다.

Q 174 볼이 일반구역의 페어웨이 지면에 박혔다

볼이 페어웨이 지면에 박혀 있다. 페널티 없이 구제 받을 수 있는가?

페널티 없음 **구제 받을 수 있다**

볼은 다음과 같은 경우에만 지면에 박힌 것으로 간주한다.

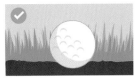  

① 볼의 일부가 지표면 이하로 묻혀 있다(왼쪽 그림).

② 볼 자체의 힘으로 만들어진 피치 마크 안에 있다(가운데 그림).

③ 풀 위에 얹힌 볼은 일부라도 지표면 이하로 묻혀 있지 않으면 구제 받을 수 없다(오른쪽 그림).

박힌 볼의 구제구역 정하기

기준점 : 볼이 박힌 지점 바로 뒤의 지점.

구제구역의 크기 : 기준점으로부터 한 클럽 길이 이내의 구역.

구제구역의 위치 제한 : ① 구제구역은 반드시 일반구역에 있어야 하며, ② 기준점보다 홀에 더 가깝지 않아야 한다.

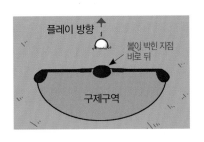

※ 예외 : 일반구역에 박힌 볼에 대한 구제가 허용되지 않는 경우

— 페어웨이 잔디의 길이와 같거나 그보다 짧게 깎여 있지 않은 일반구역에 있는 모래에 볼이 박힌 경우.

— 볼이 덤불 속에 놓여 있기 때문에 또는 플레이어가 스트로크를 할 수 없는 상황인 경우는 페널티 없는 구제를 받을 수 없다.

나뭇가지에 내 볼이 걸렸는데 칠 수 없다

나뭇가지에 걸려 있는 볼이 내 것임을 확인했으나 칠 수가 없다. 처리 방법은?

1페널티	언플레이어블볼을 선언한다

언플레이어블볼을 선언하고 1페널티를 받은 후 다음의 세 가지 중에서 한 가지를 선택한다.

① 직전의 스트로크를 한 곳에서 원래의 볼을 플레이할 수도 있고, 다른 볼을 플레이할 수도 있다.

② 후방선 구제를 받는다. (Q173 '후방선 구제 방법' 참조).

③ 측면 구제를 받는다. 볼이 있었던 지점에서 두 클럽 길이 이내로 홀에 가깝지 않은 곳에 드롭한다.

※ 기준점은 그 볼로부터 수직 아래에 있는 지면상의 지점이다(Q173 참조).

※ 앞에서 언급한 Q173 '일반구역에서의 언플레이어블볼 구제 방법' 참조.

PART
4

벙커

벙커의 볼과 벙커의 볼이 아닌 볼의 구분은?

볼이 벙커에 있는 경우와 그렇지 않은 경우는 그림과 같다.

① 볼이 벙커에 있는 경우

— 볼의 일부라도 벙커의 경계 안 바닥 모래에 닿아 있거나,

— 그 경계 안 바닥의 모래가 바람에 날려가 버렸거나 물에 떠내려간 자리에
 정지한 경우.

— 그 벙커 경계 안에 있는 루스임페디먼트 · 움직일 수 있는 장애물 · 비정상적
 인 코스 상태 · 코스와 분리할 수 없는 물체의 안이나 위에 볼이 정지한 경우.

② 벙커에 있는 볼이 아닌 경우

— 볼이 흙이나 풀 또는 그 벙커의 경계 안에서 자라거나 붙어 있는 그 밖의 자
 연물 위에 놓여 있는 경우, 그 볼은 벙커에 있는 볼이 아니다.

— 볼의 일부가 특정한 코스에 걸쳐 있는 경우. 예를 들어, 볼이 벙커에 일부가 닿아
 있고 일부는 페널티구역에 닿아 있는 경우, 그 볼은 페널티구역에 있는 볼이다.

벙커 경사면에 볼이 박혀 있다

어프로치샷을 했는데 볼이 벙커의 경사면에 박혀서 도저히 한 번에 꺼낼 수 없을 것 같다. 어떻게 해야 하는가?

1페널티 혹은 2페널티 / 언플레이어블볼 선언

플레이어는 다음의 구제 방법 중에서 한 가지를 선택할 수 있다.

▶ **일반적인 구제 방법(1페널티)** : ① 직전의 스트로크를 한 곳에서 볼을 플레이한다. ② 벙커 안에서 후방선 구제를 받는다(Q191 참조). ③ 벙커 안에서 측면 구제를 받는다(Q191 참조).

▶ **추가적인 구제 방법(2페널티)** : 플레이어의 볼이 벙커에 있는 경우의 추가적인 구제 방법으로, 플레이어는 총 2페널티를 받고 벙커 밖에서 후방선 구제를 받을 수 있다(Q191 참조).

178 벙커의 모래에 묻힌 볼을 확인하기 위해 모래를 제거했다

볼이 벙커 안으로 들어가 모래에 깊이 박혀서 볼 자체가 전혀 보이지 않는다. 볼을 찾을 때 클럽이나 손으로 모래를 휘저어 찾으면 페널티를 받는가?

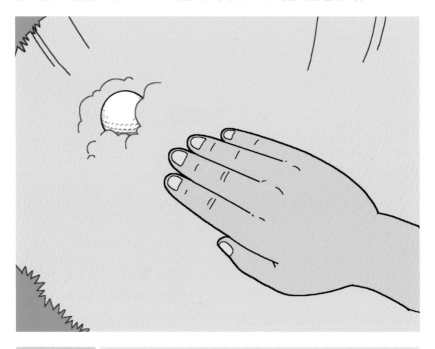

페널티 없음 원래의 라이로 복원해야 함(볼의 일부만 보이게 할 수 있음)

플레이어는 자신의 볼을 발견하고 확인하기 위해 모래를 건드리거나 물을 휘저어서 그 볼을 찾을 수 있다.

— 플레이어는 반드시 모래에 놓여 있던 원래의 라이를 다시 만들어 놓아야 한다. 그러나 볼이 모래에 완전히 덮여 있었던 경우에는 그 볼의 일부만 보이도록 해 놓을 수도 있다.

— 원래의 라이를 다시 만들어 놓지 않고 그 볼을 플레이하는 경우, 플레이어는 일반페널티를 받는다.

벙커에 있는 볼을 확인하는 절차

벙커에 볼이 2개가 있는데 어느 것이 나의 볼인지 확인이 안 된다. 볼을 확인하고 싶은데 어떻게 확인하는가?

| 페널티 없음 | 집어올린 볼을 리플레이스한다 |

페널티 없이 자신의 볼을 확인할 수 있다.

플레이어의 정지한 볼이 놓인 그대로는 확인할 수 없는 경우, 다음과 같이 확인할 수 있다.

— 확인하기 전에 반드시 그 볼의 지점을 마크해야 하며, 볼을 확인하는 데 필요한 정도까지만 그 볼을 닦을 수 있다.

— 집어 올린 그 볼은 반드시 원래의 지점에 리플레이스해야 한다. 이러한 처리 절차의 일부 또는 전부를 따르지 않은 경우 1페널티를 받는다.

Q180 실수로 벙커 안의 경사면에 손을 짚었다

벙커에 들어간 볼을 치려고 들어가다가 미끄러져서 벙커의 모래에 손(클럽)을 대고 말았다. 이 경우 페널티를 받는가?

페널티 없음   모래 상태를 테스트하려는 의도가 없기에 페널티가 없다

모래 상태를 테스트하려는 의도가 없기 때문에 페널티가 없다.

벙커에서 잠시 쉬거나 균형을 유지하거나 넘어지지 않기 위해 클럽에 기대는 것도 역시 페널티가 없다. 이 경우는 플레이어에게 모래를 테스트하려는 의도가 없는 불가항력적인 상황으로 간주되기 때문이다.

비슷한 경우로, 급경사면을 내려갈 때 클럽을 모래에 짚으면서 몸을 지탱해도 역시 페널티는 없다.

181 # 벙커 안에 클럽을 두고 플레이했다

벙커 안의 볼을 플레이하기 위해 2개의 클럽을 가지고 들어가서 사용하지 않는 클럽을 벙커 안에 놓고 플레이했다. 페널티가 있는가?

페널티 없음 클럽, 장비, 그 밖의 물체를 벙커에 던져두거나 놓아두는 것은 허용함

다음과 같은 행위는 페널티가 없다.

벙커 안에 클럽 · 타월 · 우산 등과 같은 휴대품을 놓을 수 있다. 라이를 개선하지 않으면 장애물을 제거하거나, 거리를 측정할 때, 볼 위치를 마크하거나, 볼을 회수하거나, 집어 올리거나, 플레이스하거나, 리플레이스하다가 벙커의 지면에 접촉해도 페널티는 없다. 그리고 벙커샷을 잘못 해서 놓여 있는 클럽에 볼이 맞거나 볼이 플레이의 몸에 맞는 경우에도 페널티가 없다.

182 **벙커에 들어가면서 클럽으로 모래를 건드렸다**

벙커샷을 하기 위해 벙커 안으로 들어가면서 클럽으로 벙커의 모래를 고의로 건드리면서 들어갔다. 페널티를 받는가?

2페널티	모래 상태를 테스트하는 행위로 간주된다

이러한 행동은 모래의 상태를 테스트하는 행위로 페널티를 받는다.

벙커에 있는 볼에 스트로크를 하기 전에, 플레이어는 다음 스트로크를 위한 정보를 얻으려고 모래의 상태를 테스트하기 위해 고의로 손, 클럽, 고무래, 그 밖의 물체로 모래를 건드려서는 안 된다.

화가 나서 샷을 하기 전에 모래를 발로 차거나 클럽으로 내리쳤다

핀 가까이 날아갔다고 생각한 볼이 다시 벙커에 떨어졌다. 속이 상해서 볼을 치기 전에 발로 차거나 클럽으로 모래에 내리쳤다. 페널티를 받는가?

페널티 없음 **규칙 위반이 아님**

화가 나거나 자신의 플레이에 실망하여 모래를 클럽이나 발로 차는 행위를 했더라도 모래 상태를 테스트하거나 스트로크에 영향을 미치는 상태를 개선한 것이 아니면 페널티가 없다.

Q184 볼이 벙커 안에 있을 때 자신의 발자국을 고무래로 고르면서 들어갔다

볼이 벙커 안에 멀리 있어 벙커 안에 들어가면서 자신의 발자국을 고르며 들어 갔다. 스트로크 전에 이 발자국을 고르면 페널티가 없는가?

페널티 없음   **코스 보호를 목적으로 한 것은 인정됨**

오직 코스를 보호하기 위해 벙커를 평평하게 고르는 것은 페널티가 없다.
다음 스트로크와 관련된 스탠스 장소, 스윙 구역, 라이, 플레이 선에 전혀 영향
이 없는 장소의 발자국을 오직 코스를 보호할 목적으로 정리하는 것은 인정된
다. 그러나 플레이어는 스트로크한 후에 이러한 행위를 할 것을 권장한다. 자칫
모래 상태를 테스트하려는 의도로 비칠 수 있기 때문이다.

185 벙커에서 플레이한 볼이 OB 되어 직전 스트로크한 곳에서 플레이할 때 벙커 안을 고무래로 정리하고 드롭했다

벙커샷이 너무 멀리 날아가서 볼이 OB가 되었다(분실). 볼을 스트로크한 곳에서 다시 쳐야 하는데, 이때 벙커 안을 고무래로 정리하고 볼을 드롭하여 스트로크 하면 페널티가 있는가?

페널티 없음 스트로크와 거리 구제를 받을 것을 요구하는 경우

스트로크와 거리 구제를 받을 것을 요구하는 경우, 아무런 제한이 없다.

플레이어가 그 벙커에 볼을 드롭하여 스트로크와 거리 구제를 받는 경우, 아무 른 제한 없이 모래를 건드릴 수 있다. 그러나 벙커에서 플레이한 볼이 다시 그 벙커로 들어가는 경우 또는 플레이어가 그 벙커 안에 볼을 드롭하여 구제를 받 는 경우 또는 플레이어가 그 벙커 밖 구제를 받지 않기로 결정하는 경우는 제 한을 받는다. 즉 이러한 행동을 한 플레이어는 일반페널티를 받는다.

186 벙커샷한 볼이 또 다른 벙커에 들어간 뒤 모래 상태를 테스트했다

벙커에서 볼을 플레이했는데 또 다른 벙커에 들어갔다. 방금 플레이한 벙커 안에서 클럽 헤드로 두 번씩이나 벙커샷 연습을 했다. 페널티는?

페널티 없음　규칙 위반이 아니다

벙커에 있는 볼을 플레이한 후 그 볼이 그 벙커 밖으로 나간 경우 또는 플레이어가 벙커 밖에서 구제를 받았거나 받으려고 하는 경우,
— 플레이어는 페널티 없이 벙커에 있는 모래를 건드릴 수도 있고,
— 코스를 보호하기 위해 벙커를 평평하게 고를 수도 있다.
— 그 볼이 벙커 밖에 정지한 경우 아무런 제한 없이 그 벙커의 모래를 건드릴 수 있다.

 187 벙커 탈출 후 모래를 고무래로 편평하게 골랐는데 볼이 모래를 고른 장소로 되돌아왔다

깊은 벙커에서 한 번에 탈출에 성공하여 모래를 편평하게 골랐다. 그런데 벙커 언덕에서 그 볼이 벙커의 고른 장소로 다시 굴러 떨어졌다. 이런 경우 페널티를 받는가?

페널티 없음　페널티 없이 벙커를 평평하게 고를 수 있다

벙커에 있는 볼을 플레이한 후 그 볼이 그 벙커 밖으로 나간 경우 또는 플레이어가 벙커 밖에서 구제를 받았거나 받으려고 하는 경우, 페널티 없이 코스를 보호하기 위해 벙커를 편평하게 고를 수도 있다.

Q188 벙커 안에 있는 다른 플레이어의 볼이 플레이에 방해 된다

벙커 안에 자신의 볼(A)과 다른 플레이어의 볼(B)이 가까이 붙어 있어 A의 샷에
방해가 된다. 어떻게 처리해야 하는가?

페널티 없음	다른 플레이어에게 볼을 마크하고 집어 올리도록 요청한다

▶ B에게 볼을 마크하고 집어 올리도록 요청한다. 볼 마커가 방해가 되면 볼 마
커를 옮겨 달라고 요구한다.

▶ A는 B에게 볼을 집어 올려 달라고 요구할 수 있다.

— B는 그 볼을 집어 올리기 전에 그 지점을 마크해야 하고 또 그 볼을 닦으면
안 됨. 위반 시 B는 1페널티를 받는다.

— 그 볼 마커가 플레이에 방해가 되면 B에게 그것을 옮겨 달라고 요구할 수
있다. B는 그 볼 마커를 반드시 그 원래의 지점으로부터 측정한 새로운 지
점으로 옮겨 주어야 한다.

※예 : 클럽 헤드 길이의 1~2배 정도 떨어진 지점.

  B가 그 볼 마커를 원래의 지점에 되돌려 놓는 경우, 플레이어는 그 볼 마커를 새로운 지점으로 옮겨 놓을 때 사용한 순서를 거꾸로 밟아서 옮겨 놓았던 거리만큼 되돌려 놓아야 한다. B는 그 뒤에 그 볼을 반드시 리플레이스해야 한다. 위반 시 일반페널티.

 ## 189 경사진 벙커에서 스탠스 자세를 위해 오른발로 경사면에 있는 모래를 꾹꾹 밟았다

경사진 벙커에 볼이 있어 스탠스를 취하기가 어려워 발로 몇 차례 벙커 측면의 모래를 무너뜨려 스탠스를 잡고 플레이했다. 이 경우 페널티를 받는가?

2페널티	스탠스를 만드는 행위는 허용되지 않는다

플레이어의 이러한 행동은 스탠스를 만드는 행위이므로 허용되지 않는다.
플레이어는 스탠스를 취할 때, 견고하게 딛고 설 수 있다(합리적인 정도로 모래나 흩어진 흙을 발로 파고드는 것 포함). 그러나 이와 같은 행동을 할 때, 플레이어가 정상적인 스탠스를 취하거나 정상적인 스윙을 할 권리가 있는 것은 아니다.

벙커에서 볼을 드롭했는데 모래 속에 박혔다

벙커샷이 OB가 되어 다른 볼을 벙커 안의 구제구역 안에 드롭했는데 모래 속에 박혀 버렸다. 재드롭이 가능한가?

재드롭 불가	놓여 있는 상태 그대로 플레이 혹은 언플레이어블볼 선언

박힌 볼에 대한 구제는 볼이 일반구역에 있을 경우에 한해 허용되는 것이며, 볼이 벙커 안에서 박히거나 혹은 드롭하다가 박힌 볼은 구제가 허용되지 않는다.

벙커에서 언플레이어블볼 구제 방법은?

볼이 벙커의 경사면에 모래에 박혀 있거나 벙커의 턱이 높아 벙커 탈출이 불가능하다. 어떻게 하면 벙커를 탈출할 수 있는가?

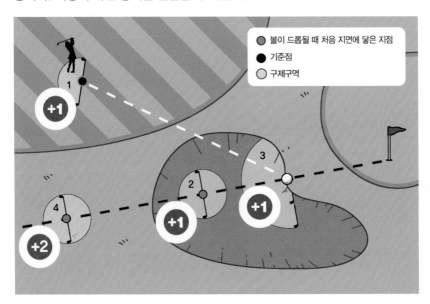

플레이어는 다음의 구제 방법 중에서 한 가지를 선택할 수 있다.

일반적인 구제 방법(1페널티)

— 직전의 스트로크를 한 곳에서 볼을 플레이한다(그림 1 지점).

— 벙커 안에서 후방선 구제를 받는다. '일반구역에서의 언플레이어블 구제 방법' 중 '후방선 구제' 참조(그림 2 지점).

— 벙커 안에서 측면 구제를 받는다. '일반구역에서의 언플레이어블 구제 방법' 중 '측면 구제' 참조(그림 3 지점).

추가적인 구제 방법(2페널티)

— 플레이어의 볼이 벙커에 있는 경우의 추가적인 구제 방법으로, 플레이어는 총 2페널티를 받고 벙커 밖에서 후방선 구제를 받을 수 있다(그림 4 지점).

※벙커 탈출 방법(1페널티 부과 후 탈출은 +1, 2페널티 부과 후 탈출은 +2로 표시)

벙커 안에서 비정상적인 코스 상태에서 구제 방법은?

비가 온 뒤 벙커 안에 일시적으로 생긴 물웅덩이 안에 볼이 들어갔다. 어떤 구제 방법이 있는가?

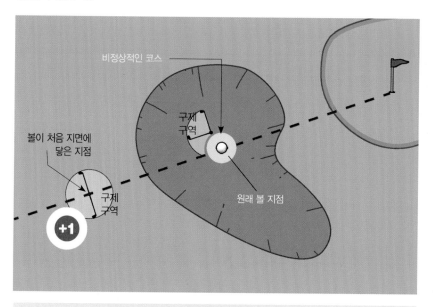

페널티 없는 구제 혹은 1페널티 후 구제 가능

페널티 없는 구제 방법(이 그림은 플레이어가 오른손잡이임을 가정했음)

벙커 안에 가장 가까운 완전한 구제지점 혹은 최대한의 구제구역을 정한다.

— 그 구제구역으로부터 홀에 더 가깝지 않은 한 클럽 길이 이내로,

— 구제구역 안에 드롭해야 한다(그림 벙커 안 연갈색 구역).

— 가장 가까운 완전한 구제지점(또는 최대한의 구제구역)과 구제구역은 반드시 그 벙커 안에 있어야 한다.

1페널티 후 구제 방법 : 후방선 구제

— 플레이어는 1페널티를 받고 벙커 밖으로 볼과 홀을 연결한 벙커 밖 후방의

선상에 드롭한다(벙커 밖 연갈색 구역).

— 원래의 볼이나 다른 볼을 드롭할 수 있다. 후방으로 얼마나 멀리 드롭할 것 인가에 대한 거리 제한은 없다.

— 그 후방선상에 볼을 드롭할 때 최초로 지면(홀에 더 가깝지 않아야 함)에 닿 은 지점으로부터 어느 방향으로든 한 클럽 길이 이내의 구역이 구제구역으 로 결정된다. 그러나 다음과 같은 제한을 받는다.

※ **구제구역의 위치 제한** : 구제구역은 원래의 볼이 있는 지점보다 홀에 더 가까 워서는 안 되며 그 벙커 이외의 어떤 코스의 구역에나 있을 수 있다. 그러나 그 볼이 드롭될 때 최초로 지면에 닿은 구역과 동일한 코스의 구역에 있어 야 한다.

벙커 안의 나뭇잎이나 돌멩이를 제거했다

벙커 안에 나뭇잎 또는 돌멩이가 있어 샷에 방해가 될 것 같다. 벙커 안의 돌을 제거해도 페널티가 없는가?

페널티 없음	페널티 없이 제거 가능

벙커 안에 있는 루스임페디먼트나 움직일 수 있는 장해물은 페널티 없이 제거 가능하다.

돌멩이(나뭇잎)는 루스임페디먼트이다. 플레이어는 코스 안팎 어디에서나 페널티 없이 루스임페디먼트를 제거할 수 있다.

벙커에서 해서는 안 되는 4가지 행동

벙커에서 해서는 안 되는 행동과 그에 따른 페널티는?

볼 바로 앞뒤 모래 건드림 | 연습 스윙 시 모래 건드림

손으로 모래 테스트 | 백스윙

상 황	페널티
볼 바로 앞뒤에 있는 모래를 건드리는 행동	2
연습 스윙을 하다가 모래를 건드리는 행동	2
고의로 손, 클럽, 고무래 등으로 모래를 건드리는 행동	2
스트로크를 위한 백스윙을 하면서 모래를 건드리는 행동	2

PART
5

페널티구역

195 페널티구역, 페널티구역에 있는 볼

페널티구역의 정의

플레이어의 볼이 그곳에 정지한 경우, 1페널티를 받고 구제 받을 수 있는 구역
을 말한다.

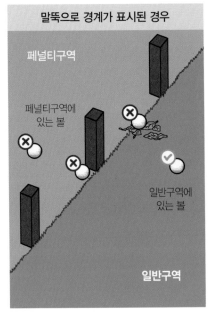
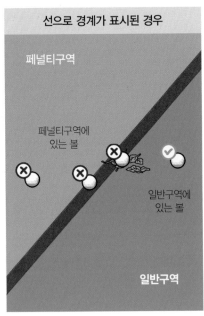

▶ 코스 위에 있는 모든 수역(위원회가 페널티구역으로 표시했는가 여부와 관계
없이)으로서, 바다, 호수, 연못, 강, 도랑, 지표면의 배수로, 개방 하천(건천 포
함)을 포함하며,

▶ 위원회가 페널티구역으로 규정한 그 밖의 모든 코스의 부분을 말한다.

— 페널티구역은 노란 페널티구역(노란 선, 노란 말뚝)과 빨간 페널티구역 (빨간
선, 빨간 말뚝)으로 나뉜다.

— 페널티구역의 경계 안에 있는 모든 지면과 물체(예 : 자연물과 인공물)는 지
면 위 또는 지면 아래 있든 모두 페널티구역의 일부이다.

※ 위원회가 페널티구역의 색깔을 표시하지 않은 경우, 그 구역은 빨간 페널티 구역으로 간주한다.

페널티구역에 있는 볼의 정의

— 볼의 일부라도 페널티구역의 경계 안에 있는 지면이나 물체(예 : 자연물이나 인공물) 위에 놓여 있거나 닿아 있는 경우.

— 볼의 일부라도 페널티구역의 경계 위에 또는 지면 아래에 있는 경우.

※ 예 : 페널티구역 위를 지나는 다리, 그 경계 안에 뿌리를 둔 나무에서 경계 밖으로 뻗어 나간 나뭇가지 또는 그 경계 밖에 뿌리를 둔 나무에서 경계 안으로 뻗어 들어온 나뭇가지, 그 경계 안에 있는 부분만 페널티구역의 일부이다.

Q 196 볼이 노란 페널티구역 안에 들어갔다

플레이어의 볼이 노란 페널티구역 안에 있는 경우 또는 그 볼이 그곳에 정지한 것을 알고 있거나 사실상 확실한 경우(95% 확실성) 처리 방법은?

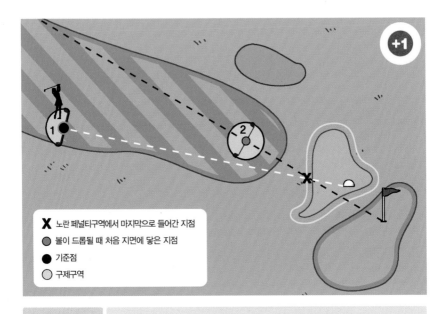

X 노란 페널티구역에서 마지막으로 들어간 지점
● 볼이 드롭될 때 처음 지면에 닿은 지점
● 기준점
○ 구제구역

1페널티 | **아래의 처리 방법 중에서 하나를 선택한다**

① 페널티 없이 볼을 놓인 그대로 플레이할 수 있다.

② 스트로크와 거리 구제 : 플레이어는 1페널티를 받고 직전의 스트로크를 한 곳에서 원래의 볼이나 다른 볼을 드롭하고 플레이할 수 있다(그림 1 지점).

③ 후방선 구제 : 플레이어는 1페널티를 받고 홀로부터 원래의 볼이 페널티구역의 경계를 마지막으로 통과한 것으로 추정되는 지점을 지나는 직후방의 기준선에 따라 정해지는 구제구역(페널티구역 밖에 볼을 드롭하여)에 원래의 볼이나 다른 볼을 드롭할 수 있다(그림 2 지점).

벙커에서 친 볼이 그린을 넘어 앞에 있는 노란 페널티구역 안에 빠졌다

그린 후방의 벙커에서 친 샷이 그린을 넘어 노란 페널티구역에 빠지고 말았다. 다음 샷은 어디에서 해야 하는가?

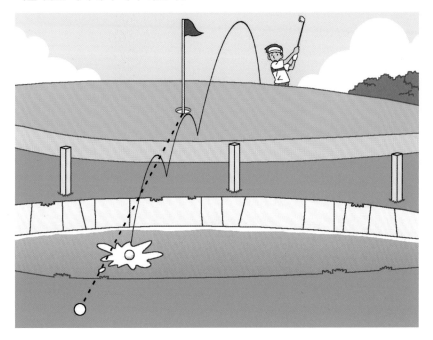

1페널티   노란 페널티 구제 방법 중 하나를 선택

1페널티를 받고 노란 페널티 구제 방법 중에서 하나를 선택할 수 있다.

① **스트로크와 거리 구제** : 직전의 스트로크를 한 곳에서 원래의 볼이나 다른 볼을 드롭하고 플레이할 수 있다(벙커 안에 드롭).

② **후방선 구제** : 홀로부터 원래의 볼이 페널티구역의 경계를 마지막으로 통과한 것으로 추정되는 지점을 지나는 직후방의 기준선에 따라 정해지는 구제구역에(페널티구역 밖에 볼을 드롭) 원래의 볼이나 다른 볼을 드롭할 수 있다.

Q 198 노란 페널티구역(빨간 페널티구역) 안의 다리 위에 볼이 멈췄다

노란 페널티구역(빨간 페널티구역) 안에 있는 다리 위에 볼이 멈췄다. 다리 위에 있는 볼을 페널티 없이 구제를 받을 수 있는가?

구제 불가능 볼이 페널티구역에 있어 움직일 수 없는 장해물의 구제를 받을 수 없다

플레이어의 볼이 페널티구역에 있기 때문에 '움직일 수 없는 장해물'의 구제를 받을 수 없다.

페널티구역에서 플레이어가 선택할 수 있는 유일한 구제 방법은 페널티 구제 방법뿐이다. 그러나 위험한 동물이 있는 상태가 페널티구역에 있는 볼을 플레이하는 데 방해가 되는 경우, 플레이어는 페널티구역에서 페널티 없는 구제를 받을 수도 있고, 페널티구역 밖에서 페널티 구제를 받을 수도 있다.

Q199 볼이 빨간 페널티구역에 있을 때 구제 방법?

볼이 빨간 페널티구역 안에 있는 경우 또는 그 볼이 그곳에 정지한 것을 알고 있거나 사실상 확실한 경우(95% 확실성) 처리 방법 3가지?

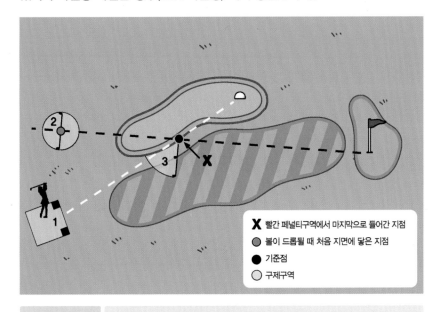

X 빨간 페널티구역에서 마지막으로 들어간 지점
● 볼이 드롭될 때 처음 지면에 닿은 지점
● 기준점
○ 구제구역

1페널티	3가지 구제 방법 중 하나를 선택한다

플레이어는 1페널티가 부과되는 세 가지 구제 방법 중에서 하나를 선택할 수 있다.

① <u>스트로크와 거리 구제</u> : 플레이어는 직전의 스트로크를 한 곳에서 원래의 볼 이나 다른 볼을 드롭하고 플레이할 수 있다(그림 1 지점).

② <u>후방선 구제</u> : 플레이어는 홀로부터 원래의 볼이 페널티구역의 경계를 마지 막으로 통과한 것으로 추정되는 지점을 지나는 직 후방의 기준선에 따라 정해 지는 구제구역(페널티구역 밖에 볼을 드롭)에 원래의 볼이나 다른 볼을 드롭할 수 있다(그림 2 지점).

③ <u>측면 구제</u> : 측면 구제 기준점은 원래의 볼이 빨간 페널티구역의 경계를 마

207

지막으로 통과한 것으로 추정되는 X 지점이다. 구제구역은 기준점으로부터 두 클럽 길이 이내의, 기준점보다 홀에 더 가깝지 않은 구역으로서, 그 볼이 있는 빨간 페널티구역과 동일한 페널티구역 이외의 어떤 코스의 구역에 있어도 된다(그림 3 지점).

페널티구역 안에 있는 볼을 칠 때 클럽을 바닥에 댔다

노란(빨간) 말뚝으로 표시된 페널티구역에 들어간 볼을 칠 때 때 클럽이 지면에 닿았다. 페널티가 있는가?

페널티 없음　클럽을 지면에 대고 칠 수 있다

플레이어는 페널티구역 안에 있는 볼을 플레이할 때 일반구역과 똑같은 방법으로 플레이할 수 있다. 따라서 페널티 없이 그 볼을 놓인 그대로 클럽을 지면에 대고 칠 수 있다.

페널티구역의 볼을 치려는데 클럽 헤드가 수면에 닿았다

얕은 연못에 들어간 볼을 그대로 치려고 했는데, 백스윙 시 클럽 헤드가 수면에 닿고 말았다. 페널티는?

페널티 없음 | 클럽 헤드가 페널티구역 안의 수면(지면)에 닿아도 된다

클럽 헤드가 페널티구역 안의 지면이나 수면에 닿아도 페널티가 없다.

플레이어는 페널티구역 안에 있는 볼을 플레이할 때 일반구역과 똑같은 방법으로 플레이할 수 있다. 따라서 플레이어가 백스윙 시 수면에 닿아도 페널티가 없다.

202 물속에서 움직이고 있는 볼을 쳤다

페널티구역 안 혹은 일시적으로 고인 물에 들어간 볼이 움직이고 있을 때 볼을 치면 페널티를 받는가?

페널티 없음   **그대로 경기를 진행한다**

플레이어는 움직이고 있는 볼을 스트로크해서는 안 되지만 예외가 있다. 페널티구역 안 혹은 일시적으로 고인 물에 들어간 볼이 움직이고 있을 때 볼을 쳐도 페널티가 없다.

— 플레이어는 페널티 없이 그 움직이고 있는 볼에 스트로크를 할 수도 있고,

— 일시적으로 고인 물이라면 페널티 없는 구제 가능 또는 페널티구역이라면 페널티 구제를 받고 그 움직이고 있는 볼을 집어 올릴 수도 있다. 단, 움직이고 있는 것을 알면서 조건이 좋은 지점에 올 때까지 기다리면서 부당하게 플레이를 지연시켜서는 안 된다. 위반 시 일반페널티.

203 페널티구역 안에 있는 볼을 찾기 위해 클럽을 물속에 넣고 휘저어 볼을 찾았다

물이 탁한 연못에 들어간 볼을 찾기 위해 클럽을 물속에 넣고 휘저었다. 이렇게 볼을 찾으면 페널티를 받는가?

페널티 없음　페널티 구제를 받지 않는 한 페널티가 없다

페널티 구제를 받지 않는 한 벌이 없다. 볼이 페널티구역 안에 있을 것으로 생각될 때는 클럽을 사용하여 물을 휘저으면서 볼을 찾을 수 있다.

만약 볼을 찾을 때 우연히 물속에 있는 볼이 움직인 경우는 페널티구역에서 페널티를 받고 구제를 받을 수도 있고, 페널티 없이 그 볼을 리플레이스하여 플레이할 수도 있다.

빨간 페널티구역 표시 말뚝 앞에 볼이 멈추어 있다

볼이 빨간 페널티구역의 경계를 표시하는 말뚝 앞에 멈췄다(볼은 일반구역에 놓여 있음). 스윙에 방해가 되는 말뚝을 뽑아내고 치면 페널티가 있는가?

페널티 없음 **구제 받을 수 있다**

그 말뚝은 '움직일 수 있는 장해물'로 취급하여 말뚝이 쉽게 뽑히면 말뚝을 뽑고 플레이할 수 있다. 말뚝이 깊이 박혀 있어 빠지지 않는 경우는 움직일 수 없는 장애물로 취급하여 페널티 없이 구제를 받을 수 있다.

만약 볼이 페널티구역 안에 있는 경우, 말뚝이 쉽게 뽑히면 말뚝을 뽑고 플레이할 수 있지만, 뽑히지 않으면 그 말뚝에 대하여 페널티 없이 구제를 받을 수 없다.

205 볼이 빨간 페널티구역 방향으로 날아갔는데 볼이 보이지 않는다

플레이어의 볼이 빨간 페널티구역 방향으로 날아갔다. 볼을 찾아 보았으나 발견되지 않았다. 어떻게 해야 하는가?

처리 방법

① 볼이 페널티구역에 있다는 것을 알고 있거나 사실상 확실한 경우(95% 확률), 플레이어는 1페널티를 받고 '페널티구역의 구제 방법' 중 하나를 선택하여 구제를 받을 수 있다.

— 플레이어는 볼이 날아간 방향, 거리, 페널티구역 주변의 잔디가 페어웨이의 잔디보다 긴지, 날씨가 맑은지 등을 고려하여 합리적으로 판단해야 한다.

② 사실상 확실하지 않은 경우, 그 볼을 분실구 처리해야 한다.

페널티구역에서 낙엽을 치우고 볼을 쳤다

페널티구역의 볼을 칠 때 플레이에 방해가 되는 낙엽을 제거하고 샷을 했다. 이렇게 하면 페널티가 있는가?

페널티 없음 **코스 안팎 어디서나 루스임페디먼트를 제거할 수 있다**

페널티구역에 볼이 있어도 페널티 없이 루스임페디먼트로 제거 가능하다.

볼이 페널티구역 안에 있다 할지라도 페널티 없이 루스임페디먼트를 제거하거나 클럽을 지면에 접촉할 수 있다.

단, 루스임페디먼트를 제거하다가 볼이 움직이면 1페널티를 받고 그 볼을 리플레이스하지 않으면 안 된다.

※ 제거하는 방법 : 손, 발 클럽 및 다른 휴대품 사용 가능.

Q 207 볼이 빨간 페널티구역에 정지했다고 판단, 볼을 드롭하고 스트로크했는데 3분 안에 원구를 발견했다

볼을 찾지 못했지만 빨간 페널티구역에 정지한 것이 확실하다고 판단하여 볼을 드롭하고(측면 구제) 스트로크했는데, 3분 안에 원구를 발견했다면 원구로 플레이할 수 있는가?

1페널티	원구로 플레이할 수 없다

원래의 볼은 3분 이내에 볼이 코스에서 발견되더라도 더 이상 인플레이볼이 아니다.

▶ 플레이어의 볼이 페널티 구제를 받을 수 있는 2가지 경우

① 볼이 페널티구역에 있는 경우.

② 그 볼이 페널티구역에 정지한 것을 알고 있거나 사실상 확실한 경우.

▶ 플레이어의 합리적인 판단 수용

① 볼이 페널티구역에 들어갔는지를 플레이어가 정확한 결정을 하기 위해 주어진 상황에서 할 수 있는 합리적인 노력을 다한 경우, 그 플레이어의 합리적인 판단은 그 스트로크를 한 후 비디오 증거나 그 밖의 정보에 의하여 그 결정이 잘못된 것으로 밝혀지더라도, 그대로 받아들여진다.

② 플레이어가 그 스트로크를 하기 전에 그 결정이 잘못된 것을 인지하게 되는 경우, 플레이어는 반드시 그 잘못을 바로잡아야 한다.

볼이 페널티구역에 들어갔다고 여겨 페널티 구제를 받았다

볼을 찾아보았지만 3분 안에 발견할 수 없어 페널티구역에 들어갔다고 생각하고 볼이 페널티구역에 들어간 지점을 추정하여 다른 볼을 페널티구역 후방에 드롭구역 안에 드롭하고 플레이했다. 이 경우 페널티는?

3페널티   직전에 플레이한 지점에서 다시 스트로크해야 함

분실구 1 + 잘못된 장소 2, 총 3페널티.

직전에 플레이한 지점에서 다시 스트로크해야 함.

볼이 페널티구역에 들어간 것을 알고 있거나(목격), 사실상 확실(95% 이상 확률)하지 않을 때는 분실한 볼로 처리해야 한다. 이 경우 플레이어는 이러한 확실성 없이 페널티 구제 방법 중 하나인 '후방선 구제'를 받은 것이므로 잘못된 장소에서 플레이한 것이 되어 추가로 2페널티를 받는다. 이 경우, 플레이어는 반드시 규칙에 따라 올바른 장소에서 플레이한 볼로 그 홀을 플레이하여 그 잘못을 바로잡아야 한다. 바로잡지 않으면 실격 처리된다.

분실된 볼은 원구를 직전에 플레이했던 지점에 돌아가 플레이해야 한다.

페널티구역에서 흘러넘친 물속에 볼이 멈췄다

태풍의 영향으로 페널티구역에서 흘러넘친 물속에 볼이 멈춰 버렸다. 구제 받을 수 있는가?

구제 가능 **비정상적인 코스 상태의 구제를 받을 수 있다**

페널티구역에서 흘러넘친 물은 페널티구역의 일부가 아니라 코스의 일시적으로 물이 고인 곳으로 취급되므로, 여기에 볼이 멈춘 경우는 페널티 없이 '비정상적인 코스 상태'의 구제를 받을 수 있다.

단, 이 경우 조건은 페널티구역에서 흘러넘친 물이 페널티구역을 표시하는 말뚝 밖에 나와 있어야 한다.

Q210 페널티구역에서 플레이한 볼이 동일한 페널티구역에 정지했다

아래 그림에서 A 지점에서 플레이한 볼이 B 지점으로 갔다. B 지점이 플레이가 불가능한 지점일 경우 구제를 받는 방법은?

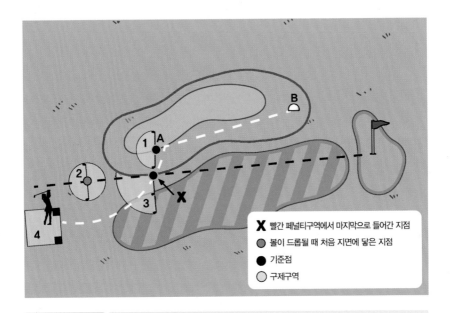

X 빨간 페널티구역에서 마지막으로 들어간 지점
🔴 볼이 드롭될 때 처음 지면에 닿은 지점
⚫ 기준점
⚪ 구제구역

1페널티 　 4가지 구제법 중에서 하나를 선택한다

▶ 일반적인 구제 방법(그림 설명)

1페널티를 부과 받고 다음 중 한 가지 방법을 선택할 수 있다.

① 직전의 스트로크를 한 지점 A 지점에서 스트로크를 한다. 이것은 네 번째 샷이 된다(그림 1 지점).

② 홀로부터 X 지점을 지나는 직후방의 기준선에 따라 후방선 구제를 받을 수 있다. 이것은 네 번째 샷이 된다(그림 2 지점).

③ 측면 구제(빨간 페널티구역에 국한)를 받을 수 있다. 기준점은 X 지점이며, 플레이어는 반드시 X 지점으로부터 두 클럽 길이 이내의 구제구역에서 볼을

드롭하여 플레이해야 한다. 이것은 네 번째 샷이 된다(그림 3 지점).

④ 페널티구역 밖에서 마지막 스트로크를 한 곳인 티잉구역에서 플레이할 수 있다. 이것은 네 번째 샷이 된다(그림 4 지점).

추가 구제 방법

①의 방법을 선택하여 볼을 드롭한 후 그 볼을 플레이하지 않기로 한 경우, 플레이어는 X 지점으로부터 후방선 구제나 측면 구제 또는 티잉구역에서 다시 플레이할 수도 있다. 이 경우, 플레이어는 1페널티를 추가로 받게 되므로 총 2페널티가 된다. 이것은 다섯 번째 샷이 된다.

211 **페널티구역에서 친 볼이 페널티구역 밖으로 나갔다가 도로 페널티구역에 정지했다**

페널티구역(A 지점)에서 플레이한 볼이 그 페널티구역 밖으로 나갔다가 도로 그 페널티구역(B 지점)에 정지한 경우의 플레이 방법은?

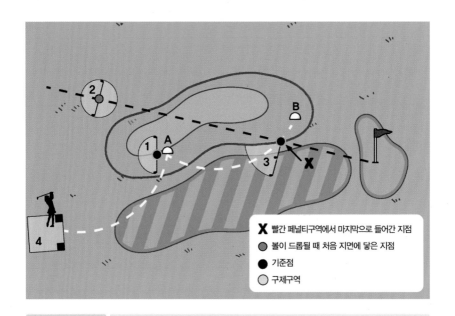

X 빨간 페널티구역에서 마지막으로 들어간 지점
● 볼이 드롭될 때 처음 지면에 닿은 지점
● 기준점
○ 구제구역

1페널티	**4가지 구제법 중에서 하나를 선택한다**

▶ **일반적인 구제 방법**(그림 설명)

플레이어는 1페널티를 부과 받고 다음 중 한 가지 방법을 선택할 수 있다.

① A 지점을 기준으로 '스트로크와 거리의 페널티'를 받을 수 있다. 네 번째 샷이 된다(그림 1 지점).

② 홀로부터 X 지점을 지나는 직 후방의 기준선에 따라 후방선 구제를 받을 수 있다. 네 번째 샷이 된다(그림 2 지점).

③ 측면 구제(빨간 페널티구역에 국한)를 받을 수 있다. 기준점은 X 지점, X 지점으로부터 두 클럽 길이 이내의 구제구역에서 볼을 드롭하여 플레이해야 한

다. 네 번째 샷이 된다(그림 3 지점).

④ 페널티구역 밖에서 마지막 스트로크를 했던 곳인 티잉구역에서 볼을 플레이할 수 있다. 네 번째 샷이 된다(그림 4 지점).

▶ 추가 구제 방법

①의 구제 방법을 선택하여 볼을 드롭한 후 그 볼을 플레이하지 않기로 한 경우, 플레이어는 X 지점으로부터 후방선 구제나 측면 구제를 받을 수 있으며 또는 티잉구역에서 다시 플레이할 수 있다. 이 경우, 플레이어는 1페널티를 추가로 받게 되므로 총 2페널티가 된다. 이것은 다섯 번째 샷이 된다.

Q212 페널티구역에서친 볼이 OB로 갔거나 페널티구역 밖에서 분실되었다

티잉구역에서 플레이한 볼이 페널티구역 A 지점에서 정지했다. A지점에서 친 볼이 페널티구역 밖에서 분실되거나 OB 지역인 C 지점에 정지했거나 혹은 페널티구역 밖에서 언플레이어블 상태가 된 경우의 처리 방법은?

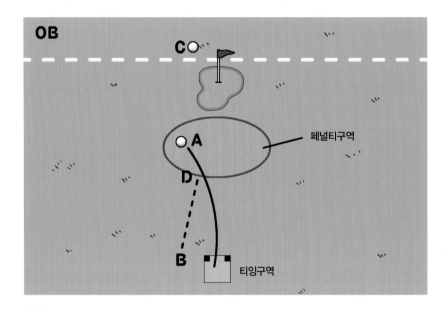

플레이어는 반드시 스트로크와 거리 구제를 받아야 할 수도 있고, 스트로크와 거리 구제를 선택할 수도 있다.

▶ 플레이어가 A 지점에 볼을 드롭하여 볼이 멈춘 곳에서 플레이하는 경우

① 그 볼이 아웃오브바운즈로 갔거나 페널티구역 밖에서 분실된 경우는 반드시 '스트로크와 거리의 페널티'를 받는다(4타째).

또한

② 그 볼이 페널티구역 밖에서 언플레이어블 상태가 되어 직전의 스트로크한 곳(A 지점)에서 플레이하면 '스트로크와 거리의 페널티'만 받는다(4타째).

▶ 플레이어가 그 볼을 A 지점에 드롭하고 나서 A 지점에서 플레이하지 않기로
   한 경우(페널티구역 밖에서 구제)

① 플레이어는 후방선(B—D선) 구제나(5타째),

② 측면 구제(빨간 페널티구역에 국한, D 지점을 기점으로 홀에 가깝지 않게 2클럽
   이내 구역에 볼을 드롭)를 구제 받을 수 있다. 이때 플레이어는 총 2페널티를
   받는다(5타째).

③ 플레이어가 A 지점에 볼을 드롭하지 않고 곧바로 그 페널티구역 밖에서
   (B—D선 후방선상 또는 측면 구제 D 지점 기점 또는 티잉구역에서) 구제 받을
   수 있다. 이 경우에도 플레이어가 받게 되는 페널티는 총 2페널티이다(5타
   째).

볼이 놓인 곳의 일부는 페널티구역이고 일부는 벙커에 있다

볼이 놓여 있는 곳이 일부는 페널티구역이고 일부는 벙커에 있는 경우, 이 볼은 코스의 어느 구역에 있는 볼인가?

페널티구역에 있는 볼

페널티구역에 있는 볼이므로 페널티구역의 규칙이 적용된다. 즉 볼이 놓여 있는 그대로 플레이하거나, 1페널티를 받고 페널티 구제를 받을 수 있다.

※「코스 구역의 서열」참조.

 볼이 페널티구역 숲 속에 있어 언플레이블 볼을 선언하고 싶다

플레이어의 볼이 페널티구역에 있는 숲에 있어 언플레이블 볼을 선언하고 싶다. 가능한가?

불가능 구제가 허용되지 않는다

플레이어의 볼이 페널티구역에 있는 경우, 비정상적인 코스 상태나, 박힌 볼 구제, 언플레이어블볼 구제가 허용되지 않음.

※페널티구역에서 플레이어가 선택할 수 있는 유일한 구제 방법은 「규칙17」에 따른 페널티 구제뿐이다.

PART
6

퍼팅그린, 깃대, 홀

215 퍼팅그린에 있는 볼

볼이 퍼팅그린에 있는지를 판단하는 기준은 무엇인가?

다음과 같은 경우, 그 볼은 퍼팅그린에 있는 볼이다.

— 볼의 일부라도 퍼팅그린에 닿아 있을 때, 그 볼은 퍼팅그린에 있는 볼이다.

— 볼의 일부라도 루스임페디먼트나 장해물의 안이나 위에 놓인 채 그 퍼팅그린의 경계 안에 있는 경우. 단, 플레이어의 볼이 퍼팅그린에서 살짝 떨어져 가장자리에 걸쳐 있으나 그린에 접촉하지 않고 있는 경우, 그 볼은 퍼팅그린에 있는 볼이 아니다.

　※「용어의 정의 : 퍼팅그린」 참조.

216 퍼팅그린에 있는 볼을 마크하기 · 집어 올리기 · 닦기

▶ 언제 마크하는가?

— 집어 올린 후 리플레이스할 볼은 그 지점을 반드시 마크해야 함.

※ 퍼팅그린에 있는 볼은 집어 올리거나 닦을 수 있다.

▶ 집어 올릴 수 있는 사람은?

— 플레이어, 플레이어가 위임한 사람, 플레이어의 캐디(퍼팅그린에서만 가능).

▶ 올바르게 마크하는 방법 : 볼 앞이나 옆, 볼 바로 뒤. 그 볼 둘레의 어느 위치에나 볼 마크 가능함.

※ 집어 올리기 전에 그 볼의 지점을 반드시 마크해야 하고, 마크하지 않고 집어 올리거나, 잘못된 방법으로 마크하거나, 볼 마크를 제거하지 않고 스트로크한 경우 1페널티를 받는다.

퍼팅그린에서 허용되는 개선

플레이어는 퍼팅그린에서 다음과 같은 행동을 할 수 있다. 볼이 퍼팅그린에 있든 밖에 있든 관계 없음.

▶ 모래와 흩어진 흙 제거

퍼팅그린에 있는 모래와 흩어진 흙을 페널티 없이 제거될 수 있다.

▶ 손상 수리

아래와 같은 손상을 페널티 없이 수리할 수 있다.

— 볼 자국, 신발로 인한 손상(예 : 스파이크 자국), 장비나 깃대에 긁히거나 찍힌 자국.

— 전에 쓰던 홀을 메운 부분, 뗏장을 덧댄 부분, 잔디 이음매, 코스 관리 도구나 차량에 긁히거나 찍힌 자국.

— 동물의 발자국이나 발굽 자국.

— 지면에 박힌 물체(돌멩이 · 도토리 · 우박 · 티 등) 및 그 물체에 의하여 패인 자국.

※ 수리 시 반드시 손발, 그 밖의 신체의 일부, 볼 자국 수리기, 티, 클럽, 그것과 유사한 일반적인 장비를 사용하여 그 손상을 수리해야 한다.

218 퍼팅그린에서 생긴 손상을 수리할 수 없는 경우?

플레이어는 다음과 같은 원인으로 생긴 손상을 수리할 수 없다.

▶ 에어레이션 구멍 : 잔디를 깎는 작업으로 인하여 생긴 홈.

▶ 급수, 비, 그 밖의 자연의 힘.

▶ 그린에 난 잡초 또는 잔디가 죽거나 병들거나 고르지 않게 자란 부분.

▶ 홀이 자연적으로 마모된 부분.

 219 퍼팅그린에서 허용되지 않는 행동

그린을 고의로 테스트하는 경우

플레이어는 라운드 동안과 플레이가 중단된 동안, 그린이나 잘못된 그린을 테스트하기 위해 그린 표면 문지르기, 그린에서 볼을 굴려 보기 등의 행동을 해서는 안 된다. 위반 시 2페널티.

※ 예외 : 홀과 홀 사이에서 그린을 테스트하는 경우.

홀과 홀 사이에 있을 때에는 플레이어가 방금 끝난 홀의 퍼팅그린이나 연습 그린에서 그 표면을 문지르거나 볼을 굴려 볼 수 있다. 공에 묻어 있는 흙을 닦기 위해 퍼팅그린에 문지르는 행위는 테스트로 간주하지 않는다.

220 플레이 선상의 스파이크 자국을 수리했다

플레이 선상의 스파이크 자국이 신경 쓰여서 퍼트 전에 수리하려고 한다. 수리가 가능한가?

페널티 없음 **수리 가능**

퍼팅그린 위에 있는 다음과 같은 것들은 페널티 없이 항상 수리가 가능하다.
볼 자국, 스파이크 자국, 장비나 깃대에 긁히거나 찍힌 자국, 전에 쓰던 홀을 메운 부분, 뗏장을 덧댄 부분, 잔디 이음매, 코스 관리 도구나 차량에 긁히거나 찍힌 자국, 동물의 발자국이나 발굽 자국, 지면에 박힌 물체(예 : 돌멩이 · 도토리 · 티 등) 등이다.

221 ## 퍼팅그린 면에 손을 문질러 잔디결의 방향을 확인했다

퍼팅 라인을 읽기 위해 퍼팅그린 면에 손을 문질러 잔디결의 방향을 확인했다. 페널티가 있는가?

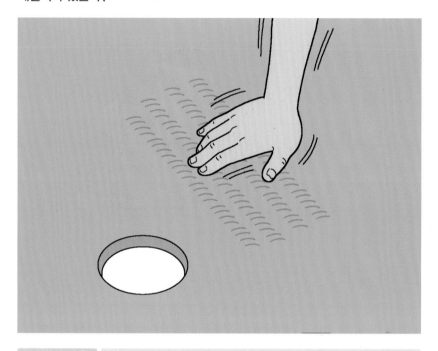

2페널티	퍼팅그린 면을 테스트하는 행위로 간주한다

그린 면을 문지르는 것은 퍼팅그린 면을 테스트하는 행위로 간주한다.
규칙에서는 퍼팅그린에서 잔디결이나 경사도를 알기 위해 볼을 굴리거나, 그린 면을 문지르는 것은 퍼팅그린 면을 테스트하는 행위로 간주한다.
※예외 : 홀과 홀 사이에 있을 때에는 플레이어가 방금 끝난 홀의 퍼팅그린이나 연습 그린에서 그 표면을 문지르거나 볼을 굴려 볼 수 있다.

222 퍼팅그린에서 플레이 선상의 아침 이슬이나 서리를 제거했다

플레이 선상에 있는 아침 이슬, 서리, 물이 퍼트에 방해가 될 것 같다. 이때 이슬을 제거하면 페널티가 있는가?

2페널티	이슬, 서리, 물을 제거할 수 없다

플레이어가 스트로크에 영향을 미치는 상태를 개선하는 이슬이나 서리 또는 물을 제거하는 행동을 해서는 안 된다. 위반 시 2페널티.

※예외 : 티잉구역 안에서 제거하는 것은 가능하다.

 ## 223 퍼팅그린의 플레이 선상에 일시적으로 물이 고여 있어 타월로 닦아 냈다

플레이 선상에 일시적으로 물이 고여 있어서 플레이에 방해될 것 같아 타월로 닦아 냈다. 이때 페널티를 받는가?

2페널티	고인 물로부터 페널티 없는 구제를 받을 수 있다

플레이어의 볼이 퍼팅그린에 있는 경우에 한하여, 퍼팅그린 안팎의 비정상적인 코스 상태가 플레이 선상에 개재하는 경우는 페널티 없는 구제를 받을 수 있다.

이슬이나 서리 또는 물을 제거하는 행동은 '스트로크에 영향을 미치는 상태를 개선하는' 플레이어의 행동이기 때문에, 제거하면 2페널티를 받는다.

Q224 퍼팅그린 위에 일시적으로 물이 고여 있다

볼이 퍼팅그린 위에 있고 일시적으로 고인 물이 플레이어의 플레이선상에 방해가 되고 있다. 페널티 없는 구제 방법은?

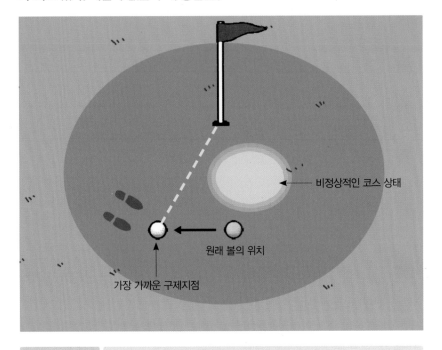

비정상적인 코스 상태

원래 볼의 위치

가장 가까운 구제지점

페널티 없음　**가장 가까운 완전한 구제지점을 구한다**

가장 가까운 완전한 구제지점에 원래의 볼이나 다른 볼을 플레이스하여 페널티 없는 구제를 받을 수 있다(위 그림은 플레이어가 오른손잡이임을 가정한 것임).

― 가장 가까운 완전한 구제지점은 반드시 그 퍼팅그린이나 일반구역에 있어야 한다.

― 그 퍼팅그린이나 일반구역에 가장 가까운 완전한 구제지점이 없는 경우, 플레이어는 최대한의 구제지점을 기준점으로 구제.

※「용어의 정의 : 가장 가까운 완전한 구제지점, 최대한의 구제지점」참조.

225 ## 퍼팅그린에서 우연히 볼이나 볼 마커가 움직였다

퍼팅그린에서 플레이어, 상대방, 스트로크플레이의 다른 플레이어가 우연히 볼이나 볼 마커를 움직인 경우 페널티가 있는가?

페널티 없음 | **볼 리플레이스 또는 볼 마커 : 원래 지점에 마크**

플레이어는 반드시 그 볼을 원래의 지점에 리플레이스해야 한다.(그 지점을 알 수 없다면 반드시 추정한다.) 또는 원래의 지점을 마크하기 위한 볼 마커를 놓아두어야 한다.

퍼팅그린에서 우연히 볼을 움직인 경우의 예 :

① 플레이어가 연습 스윙, 어드레스를 하다가 볼에 접촉하는 행동.

② 동전, 클럽을 떨어뜨려서 볼을 움직이는 행동.

③ 파트너, 상대방, 그들의 캐디가 부주의로 볼을 차거나, 볼 위에 어떤 것을 떨어뜨려 볼을 움직이는 행동.

④ 플레이어의 신발 밑바닥에 볼 마커가 달라붙는 것 등.

226 퍼팅그린에서 자연의 힘에 의하여 볼이 움직였다

퍼팅그린에서 바람이나 비 등 자연의 힘에 의해 볼이 움직인 경우 플레이해야 할 곳은?

> 그 볼을 집어 올렸다가 리플레이스했는지 여부에 따라 결정된다

▶ 볼을 집어 올렸다가 리플레이스한 볼인 경우

— 그 볼은 반드시 있던 지점에 리플레이스해야 한다.

▶ 볼을 집어 올렸다가 리플레이스하지 않은 경우

— 그 볼은 반드시 그 새로운 지점에서 플레이해야 한다. 위반 시 일반페널티.

227 **퍼팅그린의 루스임페디먼트를 제거하다가 볼을 움직였다**

퍼팅그린의 플레이 선상의 나뭇잎을 제거하다가 볼을 움직였다. 페널티는?

페널티 없음 | **볼을 리플레이스한다**

볼이 퍼팅그린에 정지해 있을 때 플레이어가 루스임페디먼트를 제거하여 그 볼을 움직이게 하는 경우, 페널티가 없다.

그 볼은 반드시 원래의 지점에 리플레이스해야 한다.

228 볼 마커를 놓다가 볼을 움직였다

퍼팅그린 위에서 볼을 집으려고 볼의 바로 뒤에 볼 마커를 놓을 때 손이 볼에 닿아서 볼이 움직이고 말았다. 이런 경우 페널티가 있는가?

페널티 없음 **원래 지점에 볼을 리플레이스한다**

▶ 퍼팅그린에 있는 볼이나 볼 마커를 우연히 움직인 경우에는 페널티가 없다.

▶ 플레이어는 반드시 그 볼을 원래의 지점에 리플레이스해야 한다. 지점을 알 수 없는 경우에는 반드시 추정해야 한다.

볼을 리플레이스할 때 볼 마커가 움직였다

퍼팅그린 위에서 볼을 볼 마커 앞에 리플레이스할 때 손가락이 닿아서 볼 마커가 조금 움직였다. 페널티가 있는가?

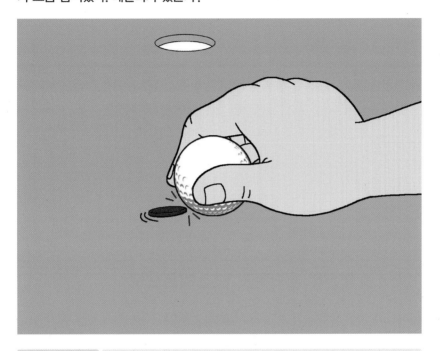

페널티 없음   원래의 지점에 볼 마커를 놓아두어야 한다

플레이어나 상대방 또는 스트로크플레이의 다른 플레이어가 퍼팅그린에 있는 플레이어의 볼이나 볼 마커를 우연히 움직인 경우에는 페널티가 없다.

— 플레이어는 반드시 그 볼을 원래의 지점에 리플레이스하거나(그 지점을 알수 없는 경우에는 반드시 추정),

— 원래의 지점에 볼 마커를 놓아두어야 한다.

볼 마커를 볼의 약간 뒤쪽에 놓고 마크했다

퍼팅그린 위에서 볼을 집어 올리기 위해 마크할 때 볼을 건드릴 것 같아서 약간 뒤에 놓고 마크했다. 페널티가 있는가?

1페널티	잘못된 지점에 마크한 것이 됨

볼 마커를 볼로부터 약간 뒤에 놓는 것은 볼의 위치를 정확히 마크한 것이 아니다. 플레이어는 반드시 다음과 같이 그 지점을 마크해야 한다.

— 그 볼 바로 뒤나 옆에 볼 마커를 놓아두거나,

— 클럽을 들고 그 볼 바로 뒤나 옆의 지면에 대고 그 지점을 마크해야 한다.

　그 지점을 잘못된 방법으로 마크한 경우, 플레이어는 1페널티를 받는다.

 볼 마커를 제거하지 않고 퍼트했다

볼 마커를 집어 올리지 않고 그대로 퍼트하고 말았다. 페널티가 있는가?

1페널티	볼 마커를 제거해야 한다

볼 마커를 사용하여 그 지점을 마크한 경우, 플레이어는 그 볼을 리플레이스한 후 스트로크를 하기 전에 반드시 그 볼 마커를 제거해야 한다.

볼 마커를 제거하지 않고 스트로크한 경우, 플레이어는 1페널티를 받는다.

232 옮겨 놓은 볼 마커를 원위치에 되돌리지 않고 퍼트했다

다른 플레이어의 퍼트에 방해가 되어 볼 마커를 옮겨 놓았던 것을 잊어버리고
원위치에 되돌려 놓지 않고 퍼트했다. 페널티는?

2페널티	잘못된 장소에서 플레이

원래의 지점에 되돌려 놓지 않고 스트로크하면 잘못된 장소에서 플레이한 것
이 된다.

그 볼 마커를 원래의 지점에 되돌려 놓는 경우, 플레이어는 그 볼 마커를 새로
운 지점으로 옮겨 놓을 때 사용한 순서를 거꾸로 밟아서 옮겨 놓았던 거리만큼
되돌려 놓아야 한다. 위반 시 일반페널티.

233 **퍼팅그린에서 플레이어나 캐디가 플레이 선에 접촉했다**

퍼트하기 전에 플레이어 또는 플레이의 캐디가 볼이 지나갈 방향을 가리키기 위해 플레이 선에 손발 또는 손에 든 것으로 플레이 선에 접촉했다. 이 경우 페널티는?

페널티 없음 **퍼팅그린에 접촉할 수 있다**

플레이어 또는 캐디는 손이나 발 또는 손에 든 것으로 퍼팅그린에 접촉할 수 있다.

그러나 플레이어가 스트로크하고 있는 동안 캐디가 지면상의 한 지점을 가리키는 동작을 하면 규칙 위반이다. 위반 시 일반페널티.

플레이 선을 가로지르거나 밟고 서서 스트로크했다

퍼트하려는데 다른 플레이어의 퍼팅 라인을 밟을 것 같다. 자신의 퍼팅 라인을
다리 사이에 걸치고 퍼트해도 되는가?

페널티 없음 다른 플레이어의 플레이 선을 밟지 않기 위해 하는 행동은 허용됨

다른 플레이어의 플레이 선을 밟지 않기 위해 하는 이러한 행동은 허용된다.
플레이어는 고의로 플레이 선이나 그 선의 볼 후방으로의 연장선을 가로지르
거나 밟고 선 스탠스를 취한 채 스트로크해서는 안 된다. 이런 경우에 한해,
그 선 양 옆의 합리적인 거리는 플레이 선에 포함되지 않는다. 위반 시 일반페
널티.

※예외 : 플레이어가 우연히 이러한 스탠스를 취했거나 다른 플레이어의 플레
　이 선을 밟지 않기 위해 취한 경우에는 페널티가 없다.

235 퍼팅그린에서 클럽을 몸에 고정하고 플레이했다

스트로크할 때 클럽을 배에 붙이거나 팔뚝이나 클럽 쥔 손을 가슴에 붙이고 플레이했다. 페널티가 있는가?

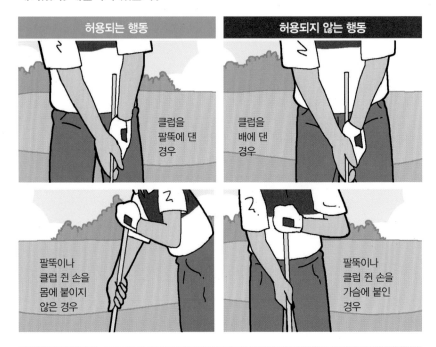

2페널티 클럽을 고정해서는 안 된다

허용과 허용되지 않는 행동

▶ 스트로크할 때 플레이어가 클럽 또는 클럽을 쥔 손을 자신의 몸 어딘가에 대고 직접적으로 고정하거나(클럽 또는 클럽 잡은 손을 다른 손이나 팔뚝에 대는 것은 예외)

▶ '고정점'을 사용하여, 즉 팔뚝을 자신의 몸 어딘가에 대고 클럽을 쥔 손을 다른 한 손이 클럽을 휘두를 수 있는 안정점으로 사용하여, 간접적으로 클럽을 고정해서는 안 된다.

스트로크를 하는 동안 클럽이나 클럽을 쥔 손 또는 팔뚝이 단지 플레이어의 몸이나 옷에 닿기만 하고, 그것을 자신의 몸에 대지는 않은 경우, 본 규칙에 위반되지 않는다.

'팔뚝'은 팔꿈치에서 손목까지의 부분을 의미한다.

 ## 236 퍼팅그린의 홀 안에 있는 물을 수건으로 닦아냈다

플레이어의 볼이 그린 위에 있을 때 큰 비로 홀 안에 물이 가득 고여 있어서 물을 수건으로 닦아냈다. 이런 경우 페널티를 받는가?

2페널티 위원회에 요청하여 물을 제거하도록 한다

플레이의 이러한 행동은 스트로크에 영향을 미치는 상태를 개선하는 행동이므로 2페널티를 받는다.

볼이 10초를 초과하여 홀 가장자리에 걸쳐져 있다

퍼트한 볼이 홀 가장자리에 걸쳐 있다. 볼이 홀에 들어갈 때까지 플레이어는 계속 지켜봐도 되는가?

1페널티	10초 후에 홀 안으로 떨어지면 그 홀의 스코어에 1페널티 추가

홀에 걸쳐 있는 볼은 그 볼이 홀에 들어갈지 아니면 그곳에 정지할지를 10초간 지켜볼 수 있다. 추가로 플레이어가 홀에 다가가는 데 필요한 합리적인 시간이 더 주어진다.

10초 안에 그 볼이 홀 안으로 떨어지지 않으면, 그 볼은 정지한 볼로 간주된다. 그 볼을 플레이하기 전에 그 볼이 홀 안으로 떨어지는 경우, 플레이어는 직전의 스트로크로 홀 아웃한 것이다. 그러나 그 홀의 스코어에 1페널티가 추가된다.

10초 안에 볼이 홀 안으로 떨어지는 경우, 직전의 스트로크로 홀 아웃한 것이 된다.

홀 가장자리에 걸쳐 있는 볼을 10초가 지나기 전에 집어 올렸다

홀 가장자리에 걸쳐 있는 볼을 10초가 지나기 전에 집어 올린 경우의 처리 방법
홀에 걸쳐 있는 볼을 허용되는 시간(10초)이 종료되기 전에 자연의 힘 이외의 것에 의하여 집어 올리거나 움직인 경우, 그 볼은 정지했던 볼로 간주된다.

10초가 지나기 전에 상대방이 볼을 고의적으로 집어 올리거나 움직인 경우의 처리 방법
매치플레이 : 플레이어의 볼은 직전의 스트로크로 볼이 홀에 들어간 것으로 간주하며, 상대방은 페널티가 없다.
스트로크플레이 : 그 볼을 집어 올리거나 움직인 플레이어는 일반페널티(2페널티)를 받는다. 스트로크플레이에서 그 볼은 반드시 그 홀의 가장자리에 리플레이스해야 한다.

 퍼팅그린에서 플레이어가 집어 올린 볼을 캐디가 리플레이스했다

퍼팅그린에서 플레이어가 집어 올린 볼을 캐디가 리플레이스해도 되는가?

1페널티	플레이어가 리플레이스해야 함

볼을 반드시 리플레이스해야 하는 사람은 ① 플레이어(파트너) 또는 ② 그 볼을 집어 올렸거나, ③ 움직이게 한 사람뿐이다.
규칙에 따라 허용되지 않는 사람에 의하여 리플레이스된 볼을 플레이한 경우, 플레이어는 1페널티를 받는다.

홀이 손상되어 있을 때 수리 가능한가?

퍼팅그린에 가서 보니 홀이 손상(볼의 낙하로 인한)되어 있다. 퍼트하기 전에 홀을 복구해도 되는가?

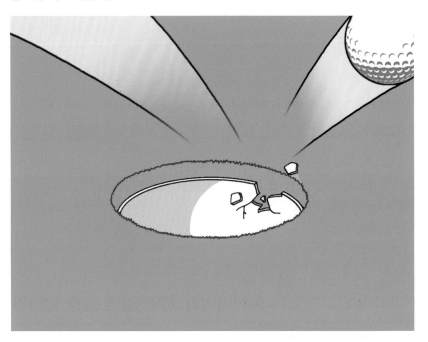

페널티 없음 | **수리 가능**

그 손상이 볼 자국이나 깃대 등으로 인한 것이면 플레이어가 수리할 수 있다.
그러나 홀이 자연적으로 마모된 부분은 수리 불가능하다(위원회에 요청).
위반 시 일반페널티.

퍼팅그린 주변에서 칩 샷 한 볼이 퍼팅그린에 정지해 있던 볼을 우연히 맞혔다

퍼팅그린 밖에서 친 볼 이 퍼팅그린 위에 정지한 다른 플레이어의 볼에 맞았다. 페널티와 처리 방법은?

페널티 없음   **어떤 플레이어에게도 페널티는 없다**

그린 밖에서 친 볼은 놓인 그대로, 정지해 있던 볼은 원래의 위치에 리플레이스해야 한다.

퍼팅그린 이외의 곳에서 플레이한 플레이어의 움직이는 볼이 우연히 사람(플레이어 자신 포함) 또는 외부의 영향(장비 포함)을 맞힌 경우, 원칙적으로 그 볼은 반드시 놓인 그대로 플레이해야 한다.

Q242 그린 밖에서 친 볼이 그린 위에서 움직이고 있는 볼과 부딪혔다

퍼팅그린 밖에서 친 볼이 그린 위에서 스트로크한 후 움직이고 있는 다른 볼과 서로 부딪쳤다. 처리 방법은?

페널티 없음	스트로크한 지점에서 다시 스트로크한다

그린 위에서 스트로크한 플레이어는 스트로크한 지점에서 다시 스트로크한다.

▶ 그린 밖에서 플레이한 플레이어는 페널티 없이 볼이 놓여 있는 그대로의 상태에서 플레이해야 함.

▶ 그린 위에서 플레이한 플레이어는 퍼팅그린에서 스트로크해서 움직이고 있는 볼이 퍼팅그린에 있는 사람, 동물, 움직이고 있는 다른 볼에 의해 방향이 바뀌어 정지한 경우, 플레이어는 그 스트로크를 취소하고 페널티 없이 반드시 그 스트로크를 한 지점에서 원래의 볼이나 다른 볼을 다시 플레이해야 한다(그 스트로크는 타수에 포함되지 않는다). 위반 시 일반페널티.

243 **퍼팅그린 위에서 스트로크한 볼이 서로 부딪혔다**

퍼팅그린 위에서 한 플레이어가 볼을 스트로크하자마자 다른 플레이어가 바로
퍼트하여 두 볼이 부딪혔다. 이런 경우 처리 방법은?

| 페널티 없음 | 각자 스트로크를 한 지점에서 다시 스트로크한다 |

퍼팅그린에서 플레이한 플레이어의 움직이는 볼이 우연히 플레이어 자신 또는
외부의 영향을 맞힌 경우, 그 볼은 원칙적으로 반드시 놓인 그대로 플레이해야
한다. 그러나 그 움직이는 볼이 아래에 언급된 것을 맞힌 경우를 제외하고는
다시 플레이해야 한다.

① 플레이어 자신 ② 깃대를 잡고 있는 사람 ③ 그 스트로크를 하는 데 사용한
클럽 ④ 볼 마커 ⑤ 정지한 볼 ⑥ 깃대 ⑦ 루스임페디먼트(예 : 곤충)로 규정되
지 않은 동물.

244 퍼팅그린에서 퍼트한 볼이 그린 위에 정지해 있는 다른 플레이어의 볼에 맞았다

A가 퍼팅그린 위에서 퍼트한 볼이 그린 위에 정지해 있는 다른 플레이어 B의 볼에 맞았을 때 처리 방법?

2페널티	A는 볼이 정지한 지점에서 플레이한다

A는 볼이 정지한 지점에서 플레이하고 B는 볼이 정지해 있던 지점에 리플레이스한다.

다른 플레이어 B는 페널티 없이 원래의 지점에 볼을 리플레이스한다.

플레이어의 움직이는 볼이 퍼팅그린에 정지한 다른 볼을 맞히면, 그 스트로크 전에 그 두 개의 볼이 모두 퍼팅그린에 있었던 경우, 맞힌 플레이어는 일반페널티를 받는다.

볼이 잘못된 그린 위에 올라갔다

볼이 잘못된 그린 위에 올라가 있을 때 페널티 없는 구제 받을 수 있는가?

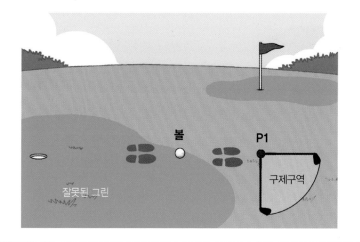

페널티 없음 **반드시 구제 받아야 한다**

잘못된 그린으로 인한 방해가 있는 경우, 플레이어는 그 볼을 놓인 그대로 플레이해서는 안 된다. ① 플레이어의 볼의 일부라도 잘못된 그린에 닿아 있거나 놓여 있는 경우 ② 잘못된 그린이 플레이어의 의도된 스탠스 구역이나 스윙 구역에 물리적으로 방해가 되는 경우, 페널티는 없으며, 반드시 구제 받아야 한다. 구제 받지 않고 플레이하면 일반페널티를 받는다.

▶ 구제 방법(그림 참조 : 오른손잡이의 경우)
— 기준점 : 원래의 볼이 정지한 코스의 구역과 동일한 구역에 있는 가장 가까운 완전한 구제지점(P1).
— 구제구역의 크기 : 기준점으로부터 한 클럽 길이 이내의 구역.
— 구제구역의 위치 제한 : ① 구제구역은 반드시 기준점과 동일한 코스의 구역에 있어야 하고 ② 기준점보다 홀에 더 가깝지 않아야 하며 ③ 반드시 그 잘못된 그린으로 인한 모든 방해로부터 완전한 구제를 받는 구역이어야 한다.

Q246 스트로크한 볼이 홀에 꽂혀 있는 깃대에 맞았다

스트로크한 볼이 우연히 꽂혀 있는(또는 뽑아 놓은) 깃대에 맞았다. 이런 경우 페널티를 받는가?

| 페널티 없음 | 볼이 놓인 그대로 플레이한다 |

깃대가 홀에 꽂혀 있는 상태에서 플레이어가 스트로크를 한 뒤 움직이고 있는 볼이 그 깃대를 맞힌 경우, 페널티는 없으며 그 볼은 반드시 놓인 그대로 플레이해야 한다.

플레이어의 움직이고 있는 볼이 깃대 또는 깃대를 제거한 사람 또는 깃대를 잡고 있는 사람(또는 그 사람이 들고 있는 것)을 우연히 맞히는 경우, 페널티는 없으며 그 볼은 반드시 놓인 그대로 플레이해야 한다.

Q247 홀에 꽂힌 깃대에 기대어 정지한 볼과 홀 측면에 박힌 볼

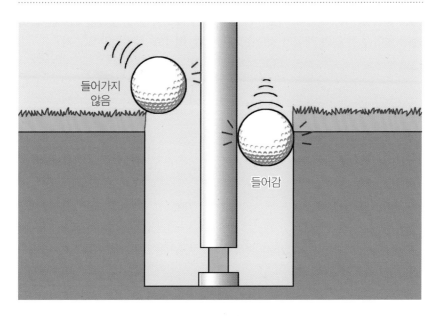

볼이 홀에 꽂혀 있는 깃대에 기댄 채 정지하는 경우,

— 볼의 일부라도 퍼팅그린의 표면 아래의 홀 안에 있는 경우, 그 볼은 홀에 들어간 것으로 간주한다.

— 볼의 어떤 부분도 퍼팅그린의 표면 아래의 홀 안에 있지 않은 경우, 그 볼은 홀에 들어간 것이 아니다. 반드시 놓인 그대로 플레이해야 한다.

— 깃대를 제거하자 그 볼이 움직이는 경우(홀 안으로 떨어지든 홀 밖으로 움직이든), 페널티는 없으며 그 볼은 반드시 홀 가장자리에 리플레이스해야 한다. 위반 시 일반페널티.

스트로크플레이에서 위 규칙을 위반하여 홀 아웃하지 않는 경우, 플레이어는 실격된다.

깃대에 닿아 있는 채 홀 측면에 박힌 볼은 볼 전체가 퍼팅그린의 표면 아래에 있을 때만 홀에 들어간 것으로 간주한다.

248 홀에 깃대가 꽂혀 있는 상태에서 볼을 스트로크했는데 캐디가 깃대를 제거했다

홀에 꽂혀 있는 깃대를 그대로 두고 볼을 스트로크했는데, 깃대를 뽑으면 볼이 홀에 들어갈 것 같아 캐디가 깃대를 제거했다. 이 경우 페널티가 있는가?

2페널티 볼이 움직이고 있을 때 고의적으로 깃대를 움직이면 안 됨

깃대가 홀에 꽂혀 있는 상태에서 스트로크를 한 후,

— 플레이어와 그의 캐디가 플레이어의 움직이고 있는 볼이 정지할 수도 있는 곳에 영향을 미치기 위해 고의로 그 깃대를 움직이거나 제거해서는 안 된다. 예를 들어, 볼이 깃대에 맞지 않게 하려는 경우. 위반 시 일반페널티.

— 다른 플레이어나 다른 플레이어의 캐디가 그러한 행동을 한 경우에도 그 다른 플레이어는 일반페널티를 받는다. 공이 멈추기 전에 깃대를 제거하는 것이 공의 움직임에 합리적으로 영향을 미치지 않을 것이라고 믿는 경우에는 페널티가 없다.

퍼팅그린에서 플레이어가 스탠스를 취하면서 방향을 잡기 위해 클럽 헤드를 볼 뒤 지면에 댔다

퍼팅그린에서 플레이어가 스탠스를 취하면서 자신의 발이나 몸으로 방향을 잡는 데 도움이 되도록 클럽 헤드를 볼 뒤의 지면에 대고 스탠스를 취하면 페널티가 있는가?

페널티 없음 **클럽 헤드를 플레이 선에 수직으로 댄 후 스탠스를 취할 수 있다**

단, 2023-2024년까지만 허용함.

2025년 1월부터는 이러한 행동은 허용하지 않음. 단, 규칙에 적합한 퍼터라면 이러한 자립형 퍼터의 사용은 허용됨.

플레이어는 목표 지점을 조준하거나 스트로크를 위한 스탠스를 취하는 것과 관련된 도움을 받기 위해 어떤 물체(예 : 플레이어가 조준해야 하거나 발로 딛고 서야 할 곳을 나타내기 위해 지면에 내려놓는 클럽)를 지면에 내려놓아서는 안 된다.

'어떤 물체를 지면에 내려놓는다'는 것은 그 물체는 지면에 닿아 있고 플레이어는 그 물체와 접촉하고 있지 않은 상태를 의미한다. 그러나 플레이어는 클럽 헤드를 플레이 선에 수직으로 댄 후 스탠스를 취하려고 볼 뒤쪽으로부터 볼에 다가서는 것을 금지하지 않는다.

본 규칙을 위반하는 경우, 스트로크하기 전에 그 물체를 제거하더라도 플레이어는 페널티를 면할 수 없다.

Q 250 퍼팅그린에서 플레이 선상의 후방 연장선에 캐디를 서 있게 했다

플레이 선을 홀에 맞추기 위해 캐디에게 홀 뒤에 서게 하고 스트로크했다. 페널티는?

2페널티	그대로 경기를 진행한다

어떤 이유로든, 플레이어가 스트로크를 하는 동안 플레이어의 캐디는 고의로 플레이어의 플레이 선의 볼 후방으로의 연장선상이나 그 선 가까이에 서 있어 서는 안 된다.

단, 코스 어디에서나 플레이어가 그러한 스탠스에서 물러나고 캐디가 그 위치 에서 비켜설 때까지 다시 스탠스를 취하지 않은 경우에는 페널티가 없다.

251 캐디에게 우산을 받치게 하고 퍼트했다

플레이어가 퍼트하는 동안 캐디에게 우산을 받치게 하고 스트로크하면 어떤 페널티를 받는가?

2페널티 | **스트로크를 하는 동안은 이러한 도움을 받을 수 없다**

플레이어가 스트로크할 때 해서는 안 되는 행동

▶ 자신의 캐디나 다른 사람으로부터 물리적인 도움을 받고 있는 상태.

▶ 다음과 같은 목적으로, 자신의 캐디나 다른 사람을 고의로 세워 두거나 어떤 물체를 고의로 놓아둔 상태.

— 집중하는 데 방해가 되는 요인을 제거할 목적으로 하는 행동.

— 햇빛, 비, 바람, 그 밖의 요소로부터 보호를 받을 목적으로 하는 행동.

플레이어가 스트로크할 때 허용되는 행동

▶ 스트로크를 하기 전에는 이러한 도움이나 보호를 받는 것이 허용된다.

▶ 플레이어가 스트로크를 하면서 비바람이나 폭풍우로부터 스스로를 보호하
기 위해 하는 행동 즉 기능성 의류를 착용하거나 직접 우산을 쓰는 경우는
허용. 위반 시 일반페널티.

컨시드(OK) 받고 볼을 마크하지 않고 집어 들었다

퍼팅그린에서 퍼트한 볼이 홀 가까이 정지하여 다른 플레이어가 OK라고 해서 볼을 마크도 하지 않고 그대로 집어 들었다. 페널티는?

1페널티	볼을 리플레이스하고 홀 아웃해야 함

퍼팅그린 위에서 인플레이볼을 마크하지 않고 집어 올렸기 때문에 1페널티를 받는다.

스트로크플레이에서 컨시드(OK)는 없다. 볼을 리플레이스하고 홀 아웃해야 한다. 컨시드란 두 사람이 각 홀 별로 승패를 가르는 매치플레이에서 인정되는 규칙으로, 상대방에게 매치나 홀을 양보하거나 다음 스트로크를 면제해 주는 것이다. 하지만 스트로크플레이에서는 해당되지 않으므로 주의해야 한다.

 다른 플레이어의 컨시드를 받고 홀 아웃하지 않고 볼을 집어 올리고 다음 홀에서 티샷을 했다

스트로크플레이에서 A플레이어가 친 볼이 홀 가까이 정지하여 B플레이어가 A에게 컨시드했다. A는 그 볼을 집어 올려 다음 홀 티에서 플레이했다. 페널티는?

A실격	B는 페널티 없음

A는 다음 홀 티샷 전(1페널티 부과 후) 볼을 원래의 자리에 리플레이스했어야 했다. 스트로크플레이에서 플레이어는 반드시 각 홀에서 홀 아웃해야 한다. A는 다음 홀을 시작하는 스트로크를 하기 전 또는 라운드의 마지막 홀이라면 스코어카드를 제출하기 전에 그 잘못을 바로잡아야 한다. 단, 플레이어가 홀 아웃하지 않아도 실격이 되지 않는 그 밖의 스트로크플레이 경기 방식(스테이블포드 · 맥시멈스코어 · 파/보기) 등은 예외.

254 **퍼팅그린 위의 볼을 후속 조의 볼이 날아와 움직였다**

퍼팅그린에서 마크하지 않고 놓아둔 볼을 후속 조가 친 볼이 날아와 볼을 움직였다. 어떻게 처리해야 하는가?

페널티 없음 **퍼팅그린 위에 있던 볼은 원래의 지점에 리플레이스 함**

후속 조의 플레이어가 친 볼은 외부 요인에 해당하므로 누구에게도 페널티는 없으며, 그린 위에 있던 볼은 원래의 지점에 그 볼을 리플레이스하고 플레이하면 된다.

리플레이스할 정확한 지점을 모르면 그 지점을 추정한다. 그리고 후속 조 플레이어의 볼은 놓여 있는 상태 그대로 플레이한다.

 255 **볼이 깃대(또는 깃대를 잡고 있는 사람)를 맞혔다**

볼이 깃대 또는 깃대를 제거하거나 잡고 있는 사람을 우연히 맞혔다. 페널티를 받는가?

페널티 없음 **볼이 놓인 그대로 플레이한다**

플레이어의 움직이고 있는 볼이 깃대 또는 깃대를 제거한 사람 또는 깃대를 잡고 있는 사람(또는 그 사람이 들고 있는 것)을 우연히 맞히는 경우, 페널티는 없으며 그 볼은 반드시 놓인 그대로 플레이해야 한다.

256 ## 깃대를 잡고 있는 사람이 움직이고 있는 볼의 방향을 고의로 바꾸었다

깃대를 잡고 있는 사람이 고의로 플레이어의 움직이고 있는 볼의 방향을 바꾸거나 그 볼을 멈추게 한 경우, 페널티가 있는가?

2페널티 | **스트로크했던 지점에서 원래의 볼을 다시 스트로크한다**

볼을 플레이할 곳 : 플레이어는 그 볼을 놓인 그대로 플레이해서는 안 된다. 반드시 그 스트로크를 했던 지점에서 원래의 볼이나 다른 볼을 다시 플레이해야 한다.

플레이어의 움직이고 있는 볼이 다음과 같은 것들을 맞힌 경우도 일반페널티를 받는다.

① 페널티가 적용되는 경우 : 그 볼의 방향을 고의로 바꾸거나 그 볼을 멈추게 한 사람이 플레이어나 그의 캐디였던 경우, 플레이어는 일반페널티를 받는다.

② 홀에서 제거한 깃대를 그 볼의 방향을 바꾸거나 그 볼을 멈추게 할 수 있도록 지면상의 특정한 장소에 위치시키거나 남겨둔 경우.

③ 깃대를 잡고 있던 사람이 고의로 홀에서 그 깃대를 제거하지 않았거나 그 볼이 지나갈 경로 밖으로 옮겨두지 않은 경우.

④ 깃대를 잡아 주거나 제거한 사람(또는 그 사람이 들고 있던 것)이 고의로 그 볼이 지나갈 경로 밖으로 비켜나지 않은 경우.

장애를 가진 플레이어를 위한
수정 규칙

눈이 보이지 않는 플레이어는 조력자에게서 어떤 도움을 받을 수 있는가?

눈이 보이지 않는 플레이어는 다음과 같이 조력자와 캐디의 도움을 받을 수 있다.

▶ 스탠스를 취할 때
▶ 스트로크 전에 목표 지점을 조준할 때
▶ 어드바이스를 요청하고 할 수 있다.

조력자는 규칙에 따라 캐디와 동일한 자격을 갖는다. 단, 조력자는 플레이어의 클럽을 운반하거나 취급해서는 안 된다. 눈이 보이지 않는 플레이어는 한 번에 한 명의 조력자만 쓸 수 있다. 위반 시 일반페널티.

 눈이 보이지 않는 플레이어가 스탠스를 취할 때 조력자와 캐디에게서 받을 수 있는 도움은?

스트로크 전 스탠스를 취할 때 도움을 받기 위해 물체를 놓아둘 수 있다. 그러나 스트로크를 하기 전에 그 물체를 반드시 제거해야 한다.

2페널티	위반 시 일반페널티

캐디와 조력자는 언제든지 그 볼 후방의 플레이 선의 연장선상 또는 그 가까이에 위치할 수 있다.
캐디와 조력자는 플레이어의 위임 없이 그 볼을 집어 올릴 수 있다(볼이 퍼팅그린에 있는 경우).

259 눈이 보이지 않는 플레이어는 벙커에서 자신의 볼에 스트로크를 하기 전에, 페널티 없이, 클럽으로 그 벙커에 있는 모래를 건드릴 수 있다

▶ 볼 바로 앞뒤에 있는 모래를 건드리는 경우(라이 개선은 안 됨).

▶ 스트로크를 위한 백스윙을 하면서 건드리는 경우. 단, 모래 상태를 테스트하거나 연습 스윙을 하면서 모래를 건드리는 것은 제외. 위반 시 일반페널티.

▶ 그 플레이어가 누구에게든 자신의 볼을 드롭하거나 플레이스하거나 리플레이스할 것을 일괄적으로 위임하는 것을 허용.

 260 지체장애를 가진 플레이어(사지결핍증을 가진 플레이어와 그 일부를 상실한 플레이어)가 받을 수 있는 도움은?

플레이어가 의수나 의족을 사용할 만한 의료적인 이유가 있는 경우(위원회에서 판단)

▶ 자신의 클럽을 고정하지 않고는 클럽을 들거나 스윙을 할 수 없는 경우, 클럽을 고정한 채 스트로크를 할 수 있다.

▶ 볼을 드롭하고 플레이스하고 리플레이스하는 데 도움을 받을 수 있다.

▶ 그 플레이어가 누구에게든 자신의 볼을 드롭하거나, 플레이스하거나, 리플레이스할 것을 일괄적으로 위임하는 것을 허용.

▶ 플레이어가 손이나 그 밖의 다른 장비, 예를 들어 클럽으로 볼을 굴려서 자신의 볼을 리플레이스하는 것을 허용.

이동 보조 장치를 사용하는 플레이어가 조력자와 캐디에게서 받을 수 있는 도움은?

모든 이동 보조 장치(지팡이, 목발, 휠체어 및 바퀴 달린 이동 장치 포함)에 적용된다.

① 캐디와 조력자는 플레이어의 위임 없이 그 볼을 집어 올릴 수 있다(볼이 퍼팅그린에 있는 경우).

② 플레이어가 누구에게든 자신의 볼을 드롭하거나 플레이스하거나 리플레이스할 것을 일괄적으로 위임하는 것을 허용.

③ 이동 보조 장치를 위치시키거나 치우기 위해 다른 누군가로부터 물리적인 도움을 받을 수 있다.

④ 자신의 조력자에게 어드바이스를 요청하여 얻을 수 있다.

⑤ 한 번에 한 명의 조력자만 쓸 수 있다. 위반 시 일반페널티.

⑥ 스탠스의 정의는 '스트로크를 준비하거나 실행할 때의 플레이어의 발과 몸의 위치 및 플레이어가 사용하는 이동 보조 장치의 위치'로 수정.

⑦ 플레이어가 손이나 그 밖의 다른 장비로(예 : 클럽으로 볼을 굴려서) 자신의 볼을 리플레이스하는 것을 허용.

⑧ 자신의 플레이에 도움이 되는 이동 보조 장치를 사용할 수 있다. 단, 장비의 비정상적인 사용에 관한 금지 사항은 사용할 수 없다.

⑨ 스탠스를 취할 때 이동 보조 장치의 사용을 허용.

⑩ 페널티 없이 클럽을 고정한 채 스트로크를 할 수 있다.

⑪ 고의로 자신의 이동 보조 장치의 어떤 부분을 플레이 선이나 볼 후방의 연장선 양쪽에 위치시키거나 그 플레이 선에 닿게 한 채 스트로크해서는 안 된다.

⑫ 조력자는 그 플레이어의 캐디로서의 역할도 할 수 있다. 단 조력자는 플레이어의 클럽을 운반하거나 취급해서는 안 된다. 위반 시 일반페널티.

⑬ 퍼팅그린에서 플레이하여 움직이고 있는 볼이 우연히 그 장치를 맞힌 경우, 그 볼은 반드시 놓인 그대로 플레이해야 한다.

⑭ 고의로 모래 상태를 테스트하기 위하여 이동 보조 장치를 사용하면 안 된다.

262 바퀴 달린 이동 장치를 사용하는 플레이어의 경우 : 빨간 페널티구역에 있는 볼과 언플레이어블볼에 대한 측면 구제 방법의 수정

바퀴 달린 이동 장치를 사용하는 플레이어가 빨간 페널티구역에 있는 볼이나 언플레이어블볼에 대하여 측면 구제를 받는 경우, 구제구역의 크기를 측정할 때 사용하는 두 클럽 길이를 네 클럽 길이로 수정.

263 바퀴 달린 이동 장치를 사용하는 플레이어의 경우 : 벙커에서의 언플레이어블볼 구제 시 페널티 수정

벙커에서 언플레이어블볼 구제를 받는 경우, 그 플레이어가 1페널티를 받고 그 벙커 밖에서 후방선 구제를 받을 수 있는 것으로 수정.

264 지적장애를 가진 플레이어를 위한 수정

조력자 또는 감독관의 도움을 받을 수 있다.

위원회는 지적장애를 가진 플레이어를 돕기 위해 조력자나 감독관을 제공하거나 허용할 수 있다.

① 조력자는 지적장애를 가진 개인 플레이어가 플레이하는 것과 규칙을 적용하는 것을 돕는다.

② 조력자는 캐디와 동일한 자격을 갖는다. 그러나 클럽 운반이나 취급을 금한다.

③ 플레이어는 조력자와 캐디에게 동시에 어드바이스를 요청하여 얻을 수 있다.

④ 지적장애를 가진 플레이어는 한 번에 한 명의 조력자만 쓸 수 있다.

⑤ 조력자도 플레이어의 위임 없이 그 볼을 집어 올릴 수 있다(볼이 퍼팅그린에 있는 경우).

⑥ 감독관은 경기가 진행되는 동안 지적장애를 가진 플레이어를 도와주도록 위원회가 지정한 사람이다.

⑦ 지적장애와 함께 신체적 장애를 가진 플레이어의 경우, 위원회는 그 두 가지 유형의 장애를 다룰 수 있도록 「규칙25」의 규칙들을 조합하여 사용할 것을 권장한다.

※ 감독관의 역할은, 도움을 필요로 하는 지적장애를 가진 모든 플레이어를 돕는 것이다.

장애의 모든 범주에 대한 일반 규정

부당한 지연과 드롭 방법의 수정

▶ 부당한 지연을 금지하는 경우 : 위원회의 재량권 행사 권장

— 각 위원회는 코스의 난이도, 기상 상태, 경기의 성격, 경기에 참여한 플레이어들의 장애 정도를 고려하여, 재량권을 행사하고 나름의 합리적인 기준을 정해야 한다.

— 이와 같은 요소들을 고려하여, 위원회는 부당한 지연에 해당되는 사항에 대하여 보다 완화된 해석을 사용하는 것이 적절하다.

▶ 드롭 방법(무릎 높이) : 플레이어의 합리적인 판단 수용

— 신체적인 한계 때문에 자신이 무릎 높이에서 볼을 드롭했는지 여부를 알기가 어렵다. 위원회는 플레이어의 합리적인 판단을 받아들여야 한다.